Einleitung

Willkommen im kleinsten Klassenzimmer der Welt

Herzlichen Glückwunsch! Du hast gerade die wichtigste Entscheidung des Tages getroffen: Deine Klo-Zeit nicht zu verschwenden.

Lass uns ehrlich sein – du sitzt hier sowieso. Durchschnittlich 102 Minuten pro Woche. Das sind im Jahr etwa 92 Stunden. Fast vier komplette Tage deines Lebens verbringst du auf dem Thron. Manche Leute nutzen diese Zeit, um durch Instagram zu scrollen und sich zu fragen, warum alle anderen ein besseres Leben haben. Du nicht. Du hast dich für Bildung entschieden. Respekt!

Dieses Buch ist anders.

Keine langen Abhandlungen. Keine Fachbegriff-Lawinen. Keine Texte, bei denen deine Beine einschlafen, bevor du die Seite zu Ende gelesen hast.

Stattdessen: Wissen in Häppchen. Bildung to go. Klugheit für Zwischendurch.

Jedes Kapitel ist so konzipiert, dass du in 3-5 Minuten schlauer raus gehst, als du reingekommen bist. Du lernst über Psychologie, während dein Darm arbeitet. Du verstehst Philosophie, während... na ja, du weißt schon. Multitasking vom Feinsten!

Was dich erwartet (und was nicht)

DU WIRST:

- Verstehen, warum dein Gehirn manchmal einen kompletten Aussetzer hat
- Durchschauen, was Menschen WIRKLICH meinen (Spoiler: oft was anderes als sie sagen)

- Mitreden können bei Themen, von denen du bisher nur so getan hast, als würdest du sie verstehen
- Aha-Momente haben, die du sofort beim nächsten Smalltalk raushaust
- Dich amüsieren (hoffentlich)

DU WIRST NICHT:

- Eine komplette Universitätsausbildung bekommen (dafür bräuchtest du mehr Klopapier)
- Zum Experten für Quantenphysik werden (aber du wirst wissen, was das überhaupt ist)
- Dich durch trockene Texte quälen müssen (das überlassen wir den Doktorarbeiten)

Wie dieses Buch funktioniert

Ganz einfach: Aufschlagen. Lesen. Schlauer sein.

Du musst nicht bei Kapitel 1 anfangen. Du kannst auch bei Kapitel 9 einsteigen, dann zu Kapitel 3 springen und danach Kapitel 15 lesen. Dieses Buch ist wie eine Netflix-Serie – nur dass du hier tatsächlich was lernst und nicht um 3 Uhr morgens bereust, noch „eine Folge" geschaut zu haben.

Die Zutaten jedes Kapitels:

- AHA-MOMENT: Fakten, die deine Synapsen zum Feuern bringen
- SCHNELLWISSEN: Zahlen, Daten, Fakten in leicht verdaulich
- PROBIER'S AUS: Mini-Experimente für deinen Alltag
- CHALLENGE: Weil Wissen erst durch Anwendung zu echter Klugheit wird

Jeder Abschnitt ist kurz. Knackig. Auf den Punkt. Perfekt für die durchschnittliche Sitzungsdauer. (Ja, wir haben recherchiert. Nein, wir verraten nicht, wie.)

Warum ausgerechnet auf dem Klo?

Gute Frage! Hier die Antwort:

1. Du bist entspannt. Dein Gehirn ist nicht im Stress-Modus. Du hast keine Deadlines (außer vielleicht eine biologische). Du musst niemandem gefallen. Perfekte Lernbedingung!

2. Du bist allein. Keine Ablenkungen. Kein Chef, der reinplatzt. Keine Kinder, die was wollen. Nur du, dieses Buch und die Wahrheit über das Universum.

3. Du hast Zeit, aber nicht zu viel. Das ist der Sweet Spot des Lernens. Nicht so wenig, dass du gestresst bist. Nicht so viel, dass du abdriftest. Just right.

4. Es ist die ehrlichste Zeit des Tages. Hier gibt es keine Masken. Keine Performance. Nur pure, ungefilterte Menschlichkeit. Und genau da passiert echtes Lernen.

Ein Wort zur Wissenschaft (oder: Ja, das ist echt so)

Alles in diesem Buch basiert auf Fakten. Echten Studien. Überprüfbaren Infos. Wir haben nur die langweiligen Teile rausgeschmissen und die interessanten behalten.

Aber – und das ist wichtig – wir präsentieren das Ganze nicht wie ein Wissenschaftsjournal. Sondern wie ein cleverer Kumpel, der zufällig richtig viel Ahnung hat und dir beim Bier (oder auf dem Klo) die Welt erklärt.

Die Quellen sind echt. Der Ton ist locker. Die Fakten stimmen.

Was dieses Buch NICHT ist

Bevor wir loslegen, ein paar wichtige Klarstellungen:

Das ist kein Ratgeber, der dir in zehn Schritten zum perfekten Leben verhilft. Das Leben ist kompliziert, und wer was anderes behauptet, lügt oder verkauft Nahrungsergänzungsmittel.

Das ist kein Ersatz für echte Expertise. Wenn du nach dem Lesen des Kapitels über Finanzen denkst, du kannst jetzt an der Börse spekulieren – bitte nicht. Lies lieber nochmal.

Das ist keine Sammlung von Fun Facts, die du vergisst, sobald du die Spülung betätigt hast. Jedes Kapitel gibt dir etwas mit, das du tatsächlich anwenden kannst.

Das ist definitiv kein Buch, das dich zum besseren Menschen macht. Aber vielleicht zum klügeren. Und das ist schon mal was.

Deine Reise beginnt... jetzt!

Auf den nächsten Seiten wirst du:

- Verstehen, warum dein Gehirn dich manchmal sabotiert
- Lernen, wie die Welt WIRKLICH funktioniert
- Tricks entdecken, die dein Leben leichter machen
- Lachen (hoffentlich öfter als einmal)
- Denken (definitiv öfter als einmal)

Dieses Buch ist dein Upgrade. Dein mentales Fitness-Studio. Deine Bildungs-Snackbar.

Und das Beste: Wenn jemand fragt, was du gerade machst, kannst du ehrlich antworten: „Ich bilde mich weiter!"

Jedes Kapitel dauert etwa so lange wie ein durchschnittlicher Toilettengang. Wir haben das durchdacht. (Vielleicht zu sehr, aber egal.) Du kannst also ein Kapitel lesen, verdauen (im wahrsten Sinne des Wortes) und direkt wieder in deinen Tag starten – nur eben ein bisschen schlauer.

Also dann: Viel Spaß beim Lesen, Lernen und... allem anderen, was du gerade so tust.

P.S.: Falls du das hier NICHT auf dem Klo liest – auch okay. Wir urteilen nicht. Dieses Buch funktioniert auch im Zug, im Wartezimmer oder im Bett. Aber gib zu: Der Titel hätte dich fast davon abgehalten, oder?

P.P.S.: Vergiss nicht abzuspülen. Nur so als Service-Hinweis.

P.P.P.S.: Ja, wir machen wirklich drei P.S. Das ist unser Buch, wir können das.

Inhaltsverzeichnis

1
Willkommen auf dem Thron der Weisheit

Du sitzt gerade auf dem Klo und liest dieses Buch. Gratulation! Du befindest dich damit in bester Gesellschaft. Elvis Presley ist hier gestorben. George Clooney hat zugegeben, hier seine Dankesrede für die Oscars zu üben. Und statistisch gesehen haben mindestens drei Nobelpreisträger ihre bahnbrechenden Ideen auf genau so einem Örtchen entwickelt wie dem, auf dem du gerade thronst.

Klingt verrückt? Ist es aber nicht. Es gibt tatsächlich wissenschaftliche Gründe, warum dein Gehirn ausgerechnet hier zu Höchstleistungen aufläuft. Und nein, das hat nichts damit zu tun, dass die Gerüche deine Sinne schärfen. Obwohl... naja, lassen wir das.

Lass uns über etwas reden, das wir alle tun, aber niemand gerne zugibt: Unsere besten Ideen kommen uns auf dem Klo. Nicht im Büro während des wichtigen Meetings. Nicht beim Joggen im Park, wo die Sonne scheint und Vögel zwitschern. Sondern hier. In diesem kleinen Raum, der meistens nicht mal ein Fenster hat und wo das einzige Zwitschern von deinem Darm kommt.

Die Wissenschaft hinter dem Geistesblitz

Dein Gehirn ist ein merkwürdiges Organ. Es macht etwa zwei Prozent deines Körpergewichts aus, verbraucht aber zwanzig Prozent deiner Energie. Das ist, als würdest du einen Hummer fahren, der nur zwei Prozent deines Autos ausmacht, aber trotzdem die Hälfte des Benzins schluckt. Ineffizient? Vielleicht. Aber verdammt leistungsstark.

Das Problem: Dein Gehirn ist die meiste Zeit beschäftigt. Nicht mit großen Gedanken oder brillanten Ideen, sondern mit Müll. Es sortiert Sinneseindrücke, plant den nächsten Schritt, erinnert dich daran, dass du noch eine E-Mail beantworten musst, fragt sich, ob der Kollege dich komisch angeguckt hat, und nebenbei läuft noch „Don't Stop Believin'" in Dauerschleife, weil du den Song heute Morgen im Radio gehört hast.

Dein Gehirn ist wie ein Computer mit 47 geöffneten Browsertabs, drei laufenden Videos, einem Update im Hintergrund und einem Ventilator, der klingt, als würde er gleich abheben. Es funktioniert zwar noch, aber von Höchstleistung kann keine Rede sein.

Und dann kommst du hierher. Aufs Klo.

Plötzlich passiert etwas Magisches: Dein Gehirn fährt runter. Nicht komplett, du fällst ja nicht ins Koma. Aber es schaltet in einen anderen Modus. Einen Modus, den Neurowissenschaftler das „Default Mode Network" nennen – das Standard-Netzwerk. Das ist der Zustand, in dem dein Gehirn ist, wenn es nichts Bestimmtes tun muss.

Klingt langweilig? Das Gegenteil ist der Fall.

Das Default Mode Network: Dein Gehirn auf Autopilot

Stell dir vor, du sitzt in einem Auto. Die meiste Zeit fährst du aktiv: Du lenkst, beschleunigst, bremst, achtest auf andere Autos, fluchst über Leute, die nicht blinken, und suchst einen Parkplatz. Das ist dein Gehirn im Alltag – fokussiert, zielgerichtet, aktiv.

Aber manchmal stellst du den Wagen auf einen leeren Parkplatz, lässt den Motor laufen und lehnst dich zurück. Du machst nichts. Du wartest nur. Und genau dann fängt dein Gehirn an zu wandern.

Das Default Mode Network ist aktiv, wenn du:

- Unter der Dusche stehst und plötzlich die Lösung für ein Problem hast, über das du seit Wochen grübelst
- Im Bett liegst und dir einfällt, wo du deinen verdammten Autoschlüssel gelassen hast

- Spazieren gehst und plötzlich verstehst, warum deine Beziehung nicht funktioniert
- Auf dem Klo sitzt und... na ja, hier sind wir ja schon

In diesem Modus macht dein Gehirn etwas Faszinierendes: Es verbindet Dinge, die auf den ersten Blick nichts miteinander zu tun haben. Es springt von Thema zu Thema, macht wilde Assoziationen, verknüpft alte Erinnerungen mit neuen Informationen. Es ist kreativ. Chaotisch. Brillant.

Forscher haben herausgefunden, dass Menschen in diesem Zustand etwa dreimal so viele kreative Lösungen für Probleme finden wie im fokussierten Modus. Dreimal! Das ist der Unterschied zwischen „Ich hab keine Ahnung" und „Eureka!"

Warum gerade das Klo?

Okay, aber warum funktioniert das ausgerechnet hier? Warum nicht auf dem Sofa? Oder im Park? Oder in der Mittagspause?

Ganz einfach: Weil das Klo alle Voraussetzungen für optimale Gehirnleistung erfüllt.

Erstens: Du bist allein.

Keine Kollegen, die dir über die Schulter schauen. Keine Familie, die was von dir will. Keine Benachrichtigungen auf dem Handy. (Okay, die sind wahrscheinlich schon da, aber wir tun mal so, als würdest du nicht alle dreißig Sekunden Instagram checken.) Das Klo ist eine der letzten Bastionen der Privatsphäre in unserer hypervernetzten Welt.

Dein Gehirn liebt das. Endlich keine sozialen Signale, die verarbeitet werden müssen. Kein Smalltalk. Kein „Wie geht's dir?" mit anschließendem inneren Monolog, ob du ehrlich antworten oder einfach „Gut, und dir?" sagen sollst.

Zweitens: Du bist entspannt.

Wenn du gestresst bist, schüttet dein Körper Cortisol aus. Das ist ein Hormon, das dich in den Kampf-oder-Flucht-Modus versetzt. Sehr praktisch, wenn ein Säbelzahntiger hinter dir her ist. Weniger praktisch, wenn du versuchst, kreativ zu sein.

Hier auf dem Klo? Kein Stress. Kein Chef, der gleich reinplatzt. Keine Deadline, die näher rückt. Nur du, dein Körper und die friedliche Gewissheit, dass für die nächsten Minuten niemand etwas von dir will.

Dein Cortisolspiegel sinkt. Dein Gehirn entspannt sich. Und plötzlich hast du Zugang zu Teilen deines Denkens, die normalerweise blockiert sind.

Drittens: Du hast Zeit, aber nicht zu viel.

Das ist der Trick. Wenn du zu wenig Zeit hast, bist du gestresst. Wenn du zu viel Zeit hast, schweifst du ab und denkst darüber nach, ob Fische eigentlich schlafen oder warum Nacktschnecken nicht einfach Schnecken heißen.

Auf dem Klo hast du genau die richtige Menge Zeit. Drei bis fünf Minuten im Durchschnitt. Lang genug, damit dein Gehirn in den Default-Modus schalten kann. Kurz genug, damit du fokussiert bleibst.

Psychologen nennen das den „Sweet Spot" der Kreativität. Nicht zu wenig Druck, nicht zu viel. Just right.

Viertens: Du machst etwas Körperliches.

Klingt komisch, ist aber so. Dein Körper ist beschäftigt mit... na ja, du weißt schon. Das bedeutet, dass ein Teil deines Gehirns damit zu tun hat, diese Prozesse zu steuern. Aber nur ein kleiner Teil. Der Rest ist frei.

Das ist ähnlich wie beim Spazierengehen. Studien zeigen, dass Menschen beim Gehen etwa sechzig Prozent kreativer sind als beim Sitzen. Warum? Weil der rhythmische, automatische Bewegungsablauf einen Teil des Gehirns beschäftigt, während der Rest frei ist, um zu denken.

Auf dem Klo passiert dasselbe. Dein Körper tut sein Ding (automatisch, ohne dass du darüber nachdenken musst), und dein Gehirn kann nebenbei Probleme lösen, Ideen entwickeln, Pläne schmieden.

Die größten Geistesblitze der Geschichte (vermutlich auf dem Klo)

Niemand gibt es zu, aber die Wahrscheinlichkeit ist hoch, dass einige der größten Ideen der Menschheit auf dem stillen Örtchen entstanden sind.

Archimedes hatte seine berühmte Erkenntnis über den Auftrieb in der Badewanne. Er sprang angeblich nackt durch die Straßen und schrie „Eureka!" (Was altgriechisch ist für „Ich hab's!"). Aber mal ehrlich: Wer sagt, dass er nicht vorher noch schnell aufs Klo gegangen ist? Die Geschichte verschweigt diese Details diskret.

Isaac Newton soll unter einem Apfelbaum gesessen haben, als ihm die Schwerkraft einfiel. Schön und gut. Aber vielleicht hatte er auch einfach einen empfindlichen Magen nach dem Mittagessen und musste dringend nach drinnen? Wir werden es nie erfahren.

Albert Einstein war berühmt dafür, dass ihm seine besten Ideen kamen, wenn er sich nicht auf Physik konzentrierte. Er spielte Violine, ging spazieren, starrte an die Decke. Und ja, vermutlich hatte er auch auf dem Klo seine Momente der Erleuchtung.

Die Klo-Philosophen der Moderne

Heute gibt es sogar einen eigenen Begriff dafür: "Bathroom Epiphanies" – Badezimmer-Erleuchtungen. Eine Umfrage unter CEOs großer Unternehmen ergab, dass über siebzig Prozent zugaben, wichtige Geschäftsentscheidungen auf dem Klo getroffen zu haben.

Siebzig Prozent!

Das bedeutet: Während du denkst, dass die großen Entscheidungen in Konferenzräumen mit Flip-Charts und PowerPoint-Präsentationen fallen, sitzen die Bosse in Wahrheit auf dem Pott und überlegen, ob sie die Firma umstrukturieren oder den Praktikanten feuern sollen.

Autoren berichten, dass sie ganze Romankapitel im Kopf schreiben, während sie hier sitzen. Musiker summen Melodien. Ingenieure lösen technische Probleme. Und du? Du kannst das auch.

Warum wir darüber nicht reden

Natürlich redet niemand gerne darüber. Stell dir vor, du sitzt in einem Vorstellungsgespräch und der Personaler fragt: „Wo arbeiten Sie am produktivsten?“

„Auf dem Klo“ ist keine Antwort, die gut ankommt.

Unsere Gesellschaft hat ein seltsames Verhältnis zu diesem Raum. Wir alle benutzen ihn, mehrmals täglich, aber wir tun so, als existiere er nicht. Wir sagen „Ich muss mal kurz weg“ oder „Ich bin gleich zurück“ oder erfinden wilde Ausreden, warum wir jetzt gerade aufstehen müssen.

Dabei ist das Klo vermutlich der demokratischste Ort der Welt. Egal ob arm oder reich, berühmt oder unbekannt, Chef oder Praktikant – hier sind wir alle gleich. Hier sitzen wir alle auf demselben Thron und denken über dieselben großen Fragen nach.

Oder über die Einkaufsliste. Ist auch okay.

Die Evolution des Denkens

Evolutionär gesehen macht das alles sogar Sinn. Unsere Vorfahren hatten nicht den Luxus, den ganzen Tag nachzudenken. Sie mussten jagen, sammeln, vor Raubtieren fliehen und herausfinden, welche Beeren sie töten würden und welche nur Bauchschmerzen verursachen.

Aber ab und zu hatten sie Momente der Ruhe. Vielleicht, wenn sie in ihrer Höhle saßen und... na ja, das, was du gerade tust. Und in diesen Momenten hatte ihr Gehirn Zeit, die Ereignisse des Tages zu verarbeiten, Muster zu erkennen, Pläne zu schmieden.

Die Menschen, die in diesen ruhigen Momenten gute Ideen hatten, überlebten. Sie erfanden bessere Jagdstrategien, fanden neue Nahrungsquellen, entwickelten Werkzeuge. Die anderen? Naja, Darwin lässt grüßen.

Mit anderen Worten: Dein Gehirn ist darauf programmiert, in Ruhepausen kreativ zu sein. Es ist keine Zeitverschwendung. Es ist Evolution.

Was dein Gehirn gerade tut

Während du diese Zeilen liest, passiert in deinem Kopf etwas Erstaunliches. Dein Default Mode Network ist aktiv. Es verbindet die Informationen aus diesem Kapitel mit deinen eigenen Erfahrungen. Es fragt sich, ob das wirklich stimmt. Es erinnert sich an Momente, in denen du selbst auf dem Klo eine gute Idee hattest.

Vielleicht planst du gerade unbewusst, wie du diese Erkenntnisse nutzen kannst. Vielleicht überlegst du, ob du deinem Chef von diesem Buch erzählen sollst. (Spoiler: Lass es. Er wird komisch gucken.)

Dein Gehirn ist im besten Sinne des Wortes beschäftigt – ohne gestresst zu sein.

Die Klo-Challenge

Hier kommt deine erste Challenge in diesem Buch. Eine, die du vermutlich unterschätzen wirst, aber die dein Leben verändern könnte.

Die nächsten sieben Tage, jedes Mal wenn du auf dem Klo sitzt, mach Folgendes: Leg dein Handy weg. Ja, wirklich. Kein Instagram, kein TikTok, kein „nur schnell checken, ob jemand geschrieben hat".

Sitz einfach da. Lass deinen Gedanken freien Lauf. Beobachte, was passiert.

Am Anfang wird es komisch sein. Dein Gehirn wird protestieren. „Langweilig!" wird es schreien. „Ich brauche Input! Stimulation! Katzenvideos!"

Ignorier es. Warte ab.

Nach ein, zwei Tagen wird etwas passieren. Dein Gehirn fängt an zu wandern. Du denkst über Dinge nach, über die du normalerweise nicht nachdenkst. Vielleicht löst du ein Problem, das dich schon lange beschäftigt. Vielleicht hast du eine Idee für ein Projekt. Vielleicht verstehst du plötzlich, warum du dich in einer bestimmten Situation so verhalten hast.

Oder du stellst fest, dass du die Lyrics von „Bohemian Rhapsody" immer noch auswendig kannst. Auch eine Form der Erkenntnis.

Die Wahrheit über Kreativität

Hier ist etwas, das die meisten Menschen nicht verstehen: Kreativität ist keine Sache, die man „hat“ oder „nicht hat“. Es ist keine magische Gabe, die nur Künstlern und Genies vorbehalten ist.

Kreativität ist ein Zustand. Ein Modus, in den dein Gehirn schalten kann, wenn die Bedingungen stimmen.

Und die Bedingungen stimmen auf dem Klo.

Keine Ablenkungen. Keine Bewertung von außen. Keine Erwartungen. Nur du und deine Gedanken.

Das ist der Grund, warum dir unter der Dusche die besten Ideen kommen. Warum du beim Autofahren plötzlich Lösungen findest. Warum du nachts um drei aufwachst und endlich verstehst, wie du das Problem lösen kannst, über das du seit Wochen grübelst.

Und ja, warum du auf dem Klo manchmal Momente der Klarheit hast, die du den Rest des Tages verzweifelt suchst.

Willkommen auf dem Thron

Also, willkommen. Willkommen auf dem Thron der Weisheit. Dem Ort, wo die großen Denker der Menschheit vermutlich ihre besten Momente hatten, auch wenn sie es nie zugegeben haben.

Du bist hier nicht nur, weil dein Körper das von dir verlangt. Du bist hier, weil dein Gehirn eine Pause braucht. Eine Chance, durchzuatmen. Einen Moment, in dem es einfach sein darf, ohne zu leisten.

Und in diesem Moment passiert die Magie.

Die nächsten Kapitel werden dir noch mehr verraten – über dein Gehirn, über Menschen, über die Welt. Aber denk immer daran: Die besten Erkenntnisse kommen nicht, wenn du dich anstrengst. Sie kommen, wenn du loslässt.

Genau hier. Genau jetzt.

Auf dem stillen Örtchen.

2
Dein Gehirn in 3 Minuten

Stell dir vor, du hältst gerade dein Gehirn in der Hand. Bitte tu das nicht wirklich, das wäre medizinisch problematisch und würde dieses Buch ziemlich schnell beenden. Aber stell es dir vor.

Es fühlt sich an wie Pudding. Wabbeliger Vanillepudding, der zu lange im Kühlschrank stand. Etwa 1,4 Kilogramm schwer. Ungefähr so groß wie zwei Fäuste. Grau-rosa. Ziemlich unspektakulär, ehrlich gesagt.

Und trotzdem ist dieses glibberige Ding gerade dabei, diese Wörter zu lesen, ihre Bedeutung zu entschlüsseln, sie mit deinem Vorwissen zu verknüpfen, gleichzeitig deine Körpertemperatur zu regulieren, deine Atmung zu steuern, und nebenbei darüber nachzudenken, ob du nach dem Klo noch einen Kaffee trinken solltest.

Dein Gehirn ist die komplexeste Struktur im bekannten Universum. Ja, komplexer als schwarze Löcher. Komplexer als Galaxien. Komplexer als die Steuererklärung. Und du trägst es jeden Tag mit dir rum, ohne groß darüber nachzudenken.

Zeit, das zu ändern.

Die Zahlen, die dich umhauen werden

Dein Gehirn besteht aus etwa 86 Milliarden Neuronen. Das sind Nervenzellen, die miteinander kommunizieren. 86 Milliarden. Um dir das in Perspektive zu setzen: Wenn du anfangen würdest, diese Neuronen zu zählen – eins pro Sekunde, Tag und Nacht, ohne Pause – bräuchtest du etwa 2.700 Jahre.

Aber das ist noch nicht mal das Verrückte. Jedes einzelne Neuron ist mit durchschnittlich 10.000 anderen Neuronen verbunden. Das macht insgesamt etwa 860 Billionen Verbindungen. Billionen. Mit B.

Wenn dein Gehirn eine Party wäre, wären 86 Milliarden Gäste da, und jeder würde gleichzeitig mit 10.000 anderen Leuten quatschen. Das ist nicht einfach nur laut. Das ist das komplexeste Netzwerk, das wir kennen.

Und all das läuft auf etwa 20 Watt. Eine Glühbirne. Dein Laptop verbraucht mehr Energie als dein Gehirn. Und trotzdem kann kein Computer der Welt auch nur annähernd das leisten, was dieser Pudding in deinem Schädel jeden Tag vollbringt.

Die drei Gehirne in deinem Kopf

Hier wird's interessant. Du hast eigentlich nicht ein Gehirn, sondern drei. Na ja, nicht wirklich drei separate Gehirne, aber drei verschiedene Teile, die zu unterschiedlichen Zeiten in der Evolution entstanden sind. Und die streiten sich ständig.

Das Reptiliengehirn ist der älteste Teil. Es sitzt ganz unten, direkt am Rückenmark. Dieser Teil deines Gehirns ist etwa 500 Millionen Jahre alt und hat sich seit damals nicht großartig verändert. Es steuert alles, was du zum Überleben brauchst: Atmen, Herzschlag, die Kampf-oder-Flucht-Reaktion.

Wenn du nachts aufschreckst, weil du ein Geräusch gehört hast, war das dein Reptiliengehirn. Schnell, automatisch, keine Zeit für lange Überlegungen. „Gefahr? Dann renn!“ Das war's. Keine Diskussion.

Dieses Gehirn ist dumm wie Brot, aber verdammt effektiv. Es hat deine Vorfahren am Leben gehalten, als überall Säbelzahntiger lauerten. Heute sorgt es dafür, dass du zusammenzuckst, wenn dein Handy vibriert. Nicht besonders hilfreich im 21. Jahrhundert, aber was soll's.

Das limbische System ist der mittlere Teil. Etwa 200 Millionen Jahre alt. Das ist dein Emotions-Zentrum. Hier entstehen Gefühle wie Angst, Freude, Wut, Liebe. Hier wird entschieden, was dir gefällt und was nicht.

Wenn du jemanden triffst und sofort denkst „Der Typ ist mir unsympathisch“, ohne zu wissen warum – das war dein limbisches System. Es trifft Entscheidungen in Millisekunden, lange bevor dein bewusstes Denken auch nur mitbekommt, dass überhaupt etwas passiert ist.

Das Problem: Dieses System ist nicht besonders rational. Es mag Zucker, weil Zucker früher selten war und viel Energie geliefert hat. Dass du heute am Schreibtisch sitzt und nicht durch die Savanne rennst? Interessiert dein limbisches System nicht. Es will den Donut. Jetzt. Sofort.

Der Neocortex ist der neueste Teil. Gerade mal zwei bis drei Millionen Jahre alt – ein Baby in evolutionären Maßstäben. Das ist die dicke, faltige Schicht außen drum. Hier passiert alles, was uns zu Menschen macht: Sprache, logisches Denken, Planung, Kreativität, das Bewusstsein.

Wenn du überlegst, ob du wirklich den Donut essen solltest, weil du eigentlich abnehmen wolltest – das ist dein Neocortex. Er ist rational, überlegt, vorausschauend.

Das Problem: Er ist langsam. Und er verbraucht viel Energie. Dein Gehirn bevorzugt Effizienz. Also lässt es oft die älteren, schnelleren Teile entscheiden.

Der ewige Kampf

Und jetzt kommt der Spaß: Diese drei Gehirne streiten sich ständig.

Stell dir vor, du siehst eine Pizza. Dein Reptiliengehirn sagt: „Fett! Kalorien! Gut!“ Dein limbisches System sagt: „Mmmh, riecht lecker! Ich erinnere mich an die letzte Pizza, das war toll!“ Dein Neocortex sagt: „Moment mal, wir wollten doch gesund essen. Außerdem ist es 23 Uhr. Das ist keine gute Idee.“

Ratet mal, wer meistens gewinnt? Nicht der vernünftige Teil.

Das erklärt so vieles in deinem Leben. Warum du bei Netflix sagst „Nur noch eine Folge“ und dann plötzlich ist es 4 Uhr morgens. Warum du weißt, dass du Sport machen solltest, aber trotzdem auf dem Sofa bleibst. Warum du die Ex anrufst, obwohl jeder Freund dir gesagt hat, dass das eine Scheißidee ist.

Dein Neocortex weiß, was richtig wäre. Aber die beiden älteren Gehirne sind schneller, lauter und haben evolutionär bewiesen, dass sie funktionieren. Also überstimmen sie den vernünftigen Teil.

Warum dein Gehirn faul ist (und das gut so ist)

Hier eine unbequeme Wahrheit: Dein Gehirn ist faul. So richtig faul. Wenn es ein Mitbewohner wäre, würde es nie abwaschen und ständig behaupten, es hätte „gerade keine Zeit dafür».

Aber es hat einen guten Grund: Dein Gehirn verbraucht etwa 20 Prozent deiner Gesamtenergie. Ein Fünftel! Obwohl es nur zwei Prozent deines Körpergewichts ausmacht. Das ist, als hättest du einen Mitbewohner, der zwei Prozent der Miete zahlt, aber die Hälfte des Stroms verbraucht.

Also versucht dein Gehirn ständig, Energie zu sparen. Und wie macht es das? Indem es Abkürzungen nimmt. Indem es automatisiert. Indem es Muster erkennt und dann nicht mehr darüber nachdenkt.

AHA-MOMENT: 95 Prozent dessen, was du täglich tust, läuft automatisch ab. Unbewusst. Dein Gehirn hat für fast alles Autopilot-Programme entwickelt. Zähneputzen, Auto fahren, zur Arbeit laufen – das läuft alles im Hintergrund, ohne dass du darüber nachdenken musst.

Das ist genial, weil es Energie spart. Aber es hat auch Nachteile.

Die Autopilot-Falle

Kennst du das? Du fährst zur Arbeit, kommst an und kannst dich an keine einzige Minute der Fahrt erinnern. Das ist dein Autopilot. Dein Gehirn hat erkannt: Diese Route fahre ich jeden Tag, da muss ich nicht mehr bewusst aufpassen. Es schaltet auf Automatik und nutzt die eingesparte Energie, um über andere Dinge nachzudenken.

Oder du stehst in der Küche und weißt plötzlich nicht mehr, warum du überhaupt hier bist. Autopilot. Du bist losgelaufen, um etwas zu holen, aber auf dem Weg hat dein Gehirn an etwas anderes gedacht, und jetzt steht der Autopilot hier rum und hat vergessen, was das Ziel war.

Das Verrückte: Forscher schätzen, dass wir etwa 47 Prozent unserer wachen Zeit im Autopilot-Modus sind. Fast die Hälfte deines Lebens läuft ab, ohne dass du wirklich präsent bist.

Manchmal praktisch. Oft problematisch.

Dein Gehirn ist ein Lügner

Hier die nächste unbequeme Wahrheit: Dein Gehirn lügt dich die ganze Zeit an. Nicht böswillig, aber es füllt ständig Lücken auf, erfindet Details dazu, verändert Erinnerungen.

Deine Augen zum Beispiel. Du denkst, du siehst die Welt, wie sie ist? Falsch. Deine Augen haben einen blinden Fleck – genau da, wo der Sehnerv aus der Netzhaut austritt. Etwa so groß wie dein Daumen auf Armeslänge. Aber du bemerkst ihn nie, weil dein Gehirn das Bild einfach auffüllt. Es erfindet, was da sein sollte, basierend auf der Umgebung.

Das macht es ständig. Du siehst nicht die Realität, sondern die Version der Realität, die dein Gehirn für dich zusammenbastelt.

SCHNELLWISSEN: Deine Augen können etwa zehn Millionen verschiedene Farben unterscheiden. Aber dein Gehirn verarbeitet nur einen Bruchteil davon bewusst. Der Rest wird weggelassen, weil es nicht wichtig genug erscheint. Dein Gehirn entscheidet für dich, was du siehst und was nicht.

Erinnerungen sind noch schlimmer. Jedes Mal, wenn du dich an etwas erinnerst, verändert dein Gehirn diese Erinnerung ein bisschen. Es fügt Details hinzu, die gar nicht da waren. Es lässt Dinge weg, die tatsächlich passiert sind.

Das ist der Grund, warum Augenzeugenberichte vor Gericht oft unzuverlässig sind. Nicht weil die Leute lügen, sondern weil ihr Gehirn die Erinnerung jedes Mal neu schreibt, wenn sie davon erzählen.

Du erinnerst dich an deine Kindheit? Viele dieser „Erinnerungen" sind wahrscheinlich Fotos, die du später gesehen hast, oder Geschichten, die dir erzählt wurden. Dein Gehirn hat daraus eine „Erinnerung" gebastelt, die sich echt anfühlt, aber möglicherweise nie so passiert ist.

Gruselig? Ein bisschen. Aber auch faszinierend.

Die Illusion der Multitasking-Fähigkeit

Kurze Frage: Glaubst du, du kannst Multitasking?

Falsch. Kannst du nicht. Niemand kann das.

Was du für Multitasking hältst, ist eigentlich Task-Switching – schnelles Hin- und Herspringen zwischen verschiedenen Aufgaben. Und jedes Mal, wenn du wechselst, verliert dein Gehirn Zeit und Energie.

Studien zeigen: Menschen, die „Multitasking“ betreiben, sind etwa 40 Prozent langsamer und machen deutlich mehr Fehler als Menschen, die sich auf eine Sache konzentrieren.

40 Prozent!

Das ist so, als würdest du mit angezogener Handbremse fahren und dich dann wundern, warum du nicht schneller vorankommst.

PROBIER‘S AUS: Versuch mal Folgendes: Zähle laut von 1 bis 26. Gleichzeitig sagst du das Alphabet auf. Also: „1A, 2B, 3C...“ und so weiter. Einfach, oder?

Jetzt mach dasselbe, aber erst alle Zahlen, dann alle Buchstaben. „1, 2, 3, 4... 26. A, B, C, D... Z.“

Das zweite war deutlich schneller, oder? Das ist der Unterschied zwischen echtem Fokus und vermeintlichem Multitasking.

Warum du vergisst, was du gerade tun wolltest

Kennst du den Moment, wenn du durch eine Tür gehst und plötzlich vergessen hast, was du wolltest? Das hat einen Namen: Event Boundary. Türrahmen-Effekt.

Dein Gehirn nutzt räumliche Veränderungen als Marker, um Informationen zu organisieren. Wenn du einen Raum verlässt, schließt es quasi ein mentales Kapitel. „Okay, dieser Kontext ist jetzt vorbei, auf zum nächsten!“

Praktisch für die Organisation von Erinnerungen. Blöd, wenn du nur kurz ins Wohnzimmer wolltest, um dein Handy zu holen.

Dasselbe passiert übrigens, wenn du vom Arbeits-Modus in den Freizeit-Modus wechselst. Dein Gehirn trennt diese Kontexte, um Ordnung zu halten. Und manchmal vergisst es dabei wichtige Details.

Die Lösung? Sprich es laut aus, bevor du durch die Tür gehst. „Ich hole mein Handy." Klingt verrückt, funktioniert aber. Dein Gehirn verarbeitet gesprochene Worte anders als Gedanken und markiert sie als wichtiger.

Dein Gehirn auf Autopilot vs. im Flow

Es gibt zwei extreme Zustände, in denen dein Gehirn arbeitet.

Der eine ist der Autopilot, den wir schon kennen. Unbewusst, effizient, aber uninspiriert. Du funktionierst, aber du lebst nicht wirklich.

Der andere ist der Flow-Zustand. Das ist der Moment, wenn die Zeit verfliegt, weil du so vertieft in etwas bist. Wenn Musiker Musik machen, wenn Sportler in der Zone sind, wenn Programmierer stundenlang coden, ohne es zu merken.

Im Flow-Zustand ist dein Gehirn voll aktiv, aber nicht gestresst. Du bist fokussiert, aber nicht verkrampft. Die Herausforderung ist genau richtig – nicht zu leicht (langweilig), nicht zu schwer (überfordernd).

Studien zeigen: Menschen im Flow sind bis zu fünfmal produktiver als im Normalmodus. Fünfmal! Und sie fühlen sich danach energiegeladen, nicht erschöpft.

Das Problem: Flow ist schwer zu erreichen. Du brauchst die richtigen Bedingungen – keine Ablenkungen, die passende Herausforderung, klare Ziele. Und die meisten von uns verbringen ihren Tag damit, zwischen Autopilot und Stress hin- und herzuspringen, ohne je in den Flow zu kommen.

Die Plastizität des Gehirns (oder: Du kannst dich umprogrammieren)

Lange dachte man, das Gehirn sei mit etwa 25 Jahren „fertig". Danach keine Veränderungen mehr, Game Over, du bist, wer du bist.

Kompletter Bullshit.

Dein Gehirn ist plastisch. Das bedeutet, es verändert sich ständig, dein ganzes Leben lang. Jedes Mal, wenn du etwas Neues lernst, bilden sich neue Verbindungen zwischen Neuronen. Jedes Mal, wenn du etwas übst, werden diese Verbindungen stärker.

SCHNELLWISSEN: Londoner Taxifahrer haben einen vergrößerten Hippocampus – den Teil des Gehirns, der für räumliche Navigation zuständig ist. Warum? Weil sie jahrelang durch die Stadt navigieren und sich tausende Straßen merken. Ihr Gehirn hat sich physisch verändert.

Das gilt für alles. Wenn du eine neue Sprache lernst, verändert sich dein Gehirn. Wenn du meditierst, verändert sich dein Gehirn. Wenn du Sport treibst, verändert sich dein Gehirn.

Aber auch andersherum: Wenn du den ganzen Tag auf Social Media scrollst, verändert sich dein Gehirn – nur leider nicht zum Besseren. Es gewöhnt sich an ständige Dopamin-Hits und kurze Aufmerksamkeitsspannen.

Dein Gehirn ist wie ein Muskel. Es passt sich an das an, was du mit ihm machst. Use it or lose it.

Die Sache mit dem Schlaf

Hier etwas, das du wahrscheinlich nicht hören willst: Schlaf ist nicht optional.

Ja, du kannst ein paar Nächte mit wenig Schlaf auskommen. Aber dein Gehirn leidet. Und zwar massiv.

Während du schläfst, macht dein Gehirn Hausputz. Es räumt auf, sortiert Erinnerungen, entfernt Abfallprodukte, repariert Schäden. Das glymphatische System – eine Art Müllabfuhr fürs Gehirn – ist nachts zehnmal aktiver als tagsüber.

Wenn du nicht genug schläfst, sammelt sich dieser Müll an. Buchstäblich. Proteine, die mit Alzheimer in Verbindung gebracht werden, häufen sich im Gehirn, wenn du chronisch zu wenig schläfst.

Aber auch kurzfristig ist Schlafmangel brutal: Nach einer Nacht ohne Schlaf ist deine kognitive Leistung vergleichbar mit der eines Menschen mit 0,1 Promille Alkohol im Blut. Legal betrunken.

Nach zwei Nächten? 0,5 Promille. Illegal betrunken.

Und trotzdem prahlen Leute damit, dass sie nur vier Stunden schlafen. Das ist nicht produktiv. Das ist selbst sabotierend.

Das Gehirn in Zahlen (noch mehr verrückte Fakten)

- Dein Gehirn produziert etwa 70.000 Gedanken pro Tag. Die meisten davon sind Wiederholungen von gestern.
- Informationen rasen durch dein Gehirn mit bis zu 430 Kilometer pro Stunde. Schneller als ein Formel-1-Auto.
- Wenn dein Gehirn ein Computer wäre, könnte es 38.000 Billionen Operationen pro Sekunde durchführen. Der schnellste Supercomputer der Welt schafft gerade mal 200 Billiarden. Dein Gehirn ist 190-mal schneller.
- Du benutzt nicht „nur zehn Prozent deines Gehirns". Das ist ein Mythos. Du benutzt alle Teile, nur nicht alle gleichzeitig. Genau wie du nicht alle Muskeln gleichzeitig anspannst.

Die wichtigste Erkenntnis

Nach all diesen Fakten, Zahlen und Erklärungen gibt es eine zentrale Botschaft: Dein Gehirn ist nicht gegen dich. Es versucht nur, dich am Leben zu erhalten – mit Strategien, die vor 100.000 Jahren perfekt funktionierten, heute aber manchmal hinderlich sind.

Es ist faul, weil Energie früher knapp war. Es sucht nach Zucker, weil Zucker früher selten war. Es geht in den Kampf-oder-Flucht-Modus bei Stress, weil Stress früher bedeutete „Raubtier greift an" und nicht „Chef hat komisch geguckt".

Wenn du verstehst, wie dein Gehirn funktioniert, kannst du anfangen, klügere Entscheidungen zu treffen. Nicht gegen dein Gehirn, sondern mit ihm.

Du kannst die Autopilot-Programme umprogrammieren. Du kannst lernen, zwischen den drei Gehirnen zu vermitteln. Du kannst Flow-Zustände herbeiführen und dein Gehirn trainieren wie einen Muskel.

Dein Gehirn ist das mächtigste Werkzeug, das du besitzt. Zeit, die Bedienungsanleitung zu lesen.

Und die liest du gerade. Auf dem Klo. Während dein Gehirn im Hintergrund etwa zehn Millionen Dinge gleichzeitig erledigt, von denen du nichts mitbekommst.

Ziemlich beeindruckend, dieser Pudding in deinem Kopf.

3
Psycho-Tricks für jeden Tag

Dein Gehirn ist hackbar. Nicht im illegalen Sinne, sondern im Sinne von: Es gibt Abkürzungen. Cheats. Kleine Tricks, die funktionieren, weil dein Gehirn nach bestimmten Mustern arbeitet. Und wenn du diese Muster kennst, kannst du sie für dich nutzen.

Das Beste daran? Diese Tricks funktionieren nicht nur bei dir, sondern auch bei anderen Menschen. Weil wir alle mit derselben Grundausstattung rumlaufen – diesem 86-Milliarden-Neuronen-Pudding, den wir im letzten Kapitel kennengelernt haben.

Willkommen in der Welt der Psycho-Tricks. Manche nennen es Manipulation. Wir nennen es: Das Betriebssystem verstehen und geschickt nutzen.

Der Fuß-in-der-Tür-Trick (oder: Wie du bekommst, was du willst)

Stell dir vor, du willst, dass dein Partner die Wohnung putzt. Nicht nur ein bisschen aufräumen, sondern richtig durchsaugen, wischen, das volle Programm. Wenn du direkt fragst, ist die Wahrscheinlichkeit hoch, dass du ein „Später“ oder „Muss das jetzt sein?“ kassierst.

Hier kommt der Trick: Fang klein an.

„Kannst du kurz die Kaffeetassen in die Spülmaschine räumen?" – „Klar, mach ich.“

Fünf Minuten später: „Danke! Während du schon dabei bist, könntest du vielleicht auch die Arbeitsplatte abwischen?“ – „Okay, ist ja nicht so viel.“

Wieder fünf Minuten später: „Super, sieht schon viel besser aus! Wenn du willst, könnten wir noch schnell durchsaugen, dann sind wir durch.“ – Und plötzlich saugt dein Partner die Wohnung.

Was ist passiert? Du hast den Fuß in die Tür bekommen. Psychologen nennen das die „Foot-in-the-Door-Technik“. Menschen, die einmal Ja gesagt haben – selbst zu einer kleinen Bitte – sagen mit höherer Wahrscheinlichkeit auch zu größeren Bitten Ja. Warum? Weil wir konsistent sein wollen. Wir haben uns selbst bewiesen, dass wir „jemand sind, der hilft“, also verhalten wir uns weiter so.

Verkäufer nutzen das ständig. Erst die kostenlose Probe, dann das kleine Produkt, dann das teure Abo. Jeder Schritt fühlt sich wie eine logische Fortsetzung an.

PROBIER‘S AUS: Willst du, dass dein Kind sein Zimmer aufräumt? Fang nicht mit „Räum dein Zimmer auf!“ an. Versuch: „Kannst du mal deine Schuhe wegstellen?“ Dann: „Super! Und die Jacke vom Boden?“ Dann: „Klasse, wenn wir die Bücher noch ins Regal stellen, sieht‘s schon richtig gut aus.“ Schritt für Schritt. Plötzlich ist das Zimmer aufgeräumt, und niemand hat geweint.

Die Macht des Spiegelns (oder: Wie du sofort sympathisch wirst)

Menschen mögen Menschen, die so sind wie sie selbst. Das ist evolutionär verankert. Früher bedeutete „anders“ oft „Gefahr“. Heute bedeutet „ähnlich“ einfach „vertrauenswürdig”.

Spiegeln ist simpel: Du kopierst subtil die Körpersprache, den Tonfall oder die Sprechgeschwindigkeit deines Gegenübers.

Wenn jemand sich nach vorne lehnt, lehnst du dich nach vorne. Wenn jemand langsam spricht, sprichst du langsamer. Wenn jemand gestikuliert, gestikulierst du. Nicht sofort, nicht offensichtlich – mit einer kleinen Verzögerung, sodass es natürlich wirkt.

Studien zeigen: Menschen, die gespiegelt werden, finden ihr Gegenüber sympathischer, vertrauenswürdiger und überzeugender. Und das Verrückte: Die meisten merken es nicht mal bewusst.

Warum funktioniert das? Weil unser Gehirn ständig nach Mustern und Ähnlichkeiten sucht. Wenn sich jemand wie wir bewegt, denkt unser Unterbewusstsein: „Der ist wie ich. Der gehört zu meiner Gruppe. Dem kann ich vertrauen."

Verkäufer, Therapeuten und gute Führungskräfte nutzen das instinktiv. Jetzt kannst du es auch.

AHA-MOMENT: Das funktioniert sogar am Telefon. Wenn du die Sprechgeschwindigkeit und Lautstärke deines Gegenübers anpasst, steigt die Wahrscheinlichkeit, dass die Person dir zustimmt oder dir hilft. Probier's beim nächsten Kundenservice-Anruf. Wenn die Person gestresst und schnell spricht, sprich auch schneller. Wenn sie ruhig ist, werde ruhig. Plötzlich läuft das Gespräch besser.

Der Anker-Effekt (oder: Warum die erste Zahl immer gewinnt)

Hier ein kleines Experiment: Ich zeige dir eine Zahl. Sagen wir: 2.500 Euro.

Jetzt frage ich dich: Wie viel würdest du für einen gebrauchten Laptop bezahlen?

Die Wahrscheinlichkeit ist hoch, dass deine Antwort irgendwo in der Nähe von 2.500 Euro liegt. Vielleicht 2.000. Vielleicht 3.000. Aber nicht 500. Und nicht 10.000.

Warum? Weil die erste Zahl, die du gehört hast, dein Gehirn „verankert" hat. Dein Denken dreht sich jetzt um diesen Anker herum. Selbst wenn die Zahl komplett zufällig war und nichts mit Laptops zu tun hatte.

Das nutzen Verkäufer brutal aus. Wenn im Möbelhaus das Sofa mit „Vorher 5.000 Euro, jetzt nur 2.500!" beworben wird, erscheint dir 2.500 wie ein Schnäppchen. Dabei weißt du nicht mal, ob das Sofa jemals 5.000 Euro gekostet hat. Aber der Anker ist gesetzt.

Restaurants machen das auch. Sie setzen ein absurd teures Gericht auf die Karte – sagen wir, ein Steak für 80 Euro. Niemand bestellt es. Ist auch egal. Es ist nur da, um alle anderen Gerichte günstiger wirken zu lassen. Plötzlich erscheinen 35 Euro für Pasta völlig okay.

SCHNELLWISSEN: In einer Studie sollten Versuchspersonen schätzen, wie alt Gandhi bei seinem Tod war. Vorher drehten sie ein Glücksrad, das „zufällig" auf 9 oder 65 landete. Die Gruppe mit der 9 schätzte im Durchschnitt 50 Jahre. Die Gruppe mit der 65 schätzte 67 Jahre. (Gandhi wurde 78.) Eine völlig irrelevante Zahl auf einem Glücksrad beeinflusste ihre Schätzung um 17 Jahre!

Du kannst das für dich nutzen. Verhandelst du dein Gehalt? Nenn zuerst eine hohe Zahl. Selbst wenn dein Chef runterhandelt, liegt das Ergebnis näher an deinem Anker als wenn er die erste Zahl genannt hätte.

Verkaufst du etwas? Setz den Preis höher an, als du eigentlich willst. Menschen werden runterhandeln, aber vom Anker ausgehend.

Die Zwei-Minuten-Regel (oder: Wie du aufhörst, ein Prokrastinations-Champion zu sein)

Wir haben das im ersten Kapitel schon kurz angerissen, aber es ist so mächtig, dass wir tiefer einsteigen müssen.

Hier ist das Problem: Dein Gehirn hasst den Start. Es hasst den Moment, wo du von „Nichts tun" zu „Etwas tun" wechseln musst. Das kostet Energie, und dein Gehirn ist – wie wir wissen – faul.

Also erfindet es Ausreden. „Das mache ich später." „Dafür brauch ich erst mal einen Kaffee." „Das hat noch Zeit." Und plötzlich ist es drei Wochen später, und die Aufgabe liegt immer noch da wie eine tote Ratte unter dem Sofa.

Die Zwei-Minuten-Regel ist simpel: Wenn etwas weniger als zwei Minuten dauert, mach es sofort. Keine Diskussion. Kein „später". Jetzt.

E-Mail beantworten? Zwei Minuten. Jetzt. Geschirr in die Spülmaschine? Zwei Minuten. Jetzt. Termin eintragen? Zwei Minuten. Jetzt.

Aber hier ist der eigentliche Trick: Die Regel funktioniert auch für große Aufgaben. Du musst nur den ersten Schritt auf unter zwei Minuten runterbrechen.

„Ein Buch schreiben" klingt riesig. „Eine Seite schreiben" klingt machbar. „Den Laptop aufklappen und eine Überschrift tippen" dauert zwei Minuten.

Und hier passiert die Magie: Sobald du angefangen hast, ist die größte Hürde überwunden. Dein Gehirn hat den Schalter umgelegt. Du bist im Modus. Oft machst du dann einfach weiter, weil der Start – der schwierigste Teil – schon geschafft ist.

CHALLENGE: Mach genau jetzt eine Liste von fünf Dingen, die du seit Tagen vor dir herschiebst. Dann schau: Welche davon dauern wirklich weniger als zwei Minuten? Erledige sie. Jetzt. Bevor du weiterliest. Los!

Der Benjamin-Franklin-Effekt (oder: Wie du Feinde zu Freunden machst)

Das hier ist so kontraintuitiv, dass es wehtut. Aber es funktioniert.

Wenn du willst, dass jemand dich mag, bitte ihn um einen Gefallen.

Ja, richtig gelesen. Nicht: Tu IHM einen Gefallen. Sondern: Lass IHN dir einen Gefallen tun.

Benjamin Franklin hat das als Erster beschrieben. Er hatte einen politischen Gegner, der ihn offen hasste. Also bat Franklin ihn, ihm ein seltenes Buch zu leihen. Der Gegner, geschmeichelt, dass Franklin seine Bibliothek bewunderte, lieh es ihm. Danach wurden sie Freunde.

Was ist passiert? Kognitive Dissonanz. Das Gehirn des Gegners dachte: „Moment, ich hasse diesen Typen, aber ich tue ihm gerade einen Gefallen. Das passt nicht zusammen. Menschen tun Gefällen nur für Leute, die sie mögen. Also muss ich ihn wohl mögen."

Dein Gehirn erfindet die Geschichte um, damit dein Verhalten Sinn ergibt.

Das funktioniert überall. Willst du, dass ein Kollege dich sympathischer findet? Bitte ihn um Rat. „Hey, du kennst dich doch gut mit Excel aus, kannst du mir kurz helfen?" Plötzlich sieht er dich anders. Er hat dir geholfen, also muss er dich wohl okay finden.

Wichtig: Die Bitte muss klein und spezifisch sein. Nicht „Kannst du meine Arbeit machen?“ Sondern: „Kannst du mal drüberschauen und mir sagen, was du davon hältst?"

Die Macht der Pausen (oder: Warum Schweigen Macht ist)

Hier ein Geheimnis, das jeder gute Verkäufer, Verhandler und Therapeut kennt: Wer die Stille aushält, gewinnt.

Stell dir vor, du fragst nach einer Gehaltserhöhung. Du nennst eine Zahl. Dein Chef sagt nichts. Die Sekunden ziehen sich. Es wird unangenehm. Dein Impuls? Die Stille füllen. „Also, ich meine, wenn das zu viel ist, können wir auch...“ STOPP. Du hast gerade gegen dich selbst verhandelt.

Menschen hassen Stille. Unser Gehirn interpretiert Schweigen als soziale Bedrohung. „Die andere Person sagt nichts. Ist sie sauer? Habe ich etwas Falsches gesagt? Ich muss das reparieren!“

Also fangen wir an zu reden. Zu erklären. Zu rechtfertigen. Und dabei geben wir nach.

Der Trick: Lerne, Stille auszuhalten. Wenn du etwas gesagt hast – besonders in Verhandlungen oder wichtigen Gesprächen – halt die Klappe. Warte. Lass die andere Person die Stille brechen.

Die meisten Menschen werden nach fünf bis zehn Sekunden nachgeben. Sie werden erklären, rechtfertigen, ein Gegenangebot machen. Und plötzlich hast du die stärkere Position, ohne ein Wort gesagt zu haben.

PROBIER‘S AUS: Beim nächsten Gespräch, wo du etwas willst – mehr Gehalt, eine Deadline-Verlängerung, dass dein Partner das Abendessen macht – mach dein Angebot und dann: Schweigen. Zähl innerlich bis 15. Sag nichts. Es wird unangenehm. Halt durch. Beobachte, was passiert.

Der Mere-Exposure-Effekt (oder: Warum Wiederholung funktioniert)

Je öfter du etwas siehst, desto mehr magst du es. So simpel. So mächtig.

Das ist der Grund, warum Werbung funktioniert. Nicht weil ein cleverer Spruch dich überzeugt. Sondern weil du das Logo, die Farben, die Melodie immer wieder siehst, hörst, erlebst. Dein Gehirn denkt: „Kenne ich. Ist vertraut. Vertraut ist sicher. Sicher ist gut."

Deshalb laufen Popsongs im Radio rauf und runter. Beim ersten Mal denkst du: „Naja." Beim zehnten Mal: „Geht so." Beim hundertsten Mal summst du mit.

Du kannst das nutzen. Willst du, dass jemand dich mag? Sei präsent. Nicht aufdringlich, aber regelmäßig. Ein kurzer Gruß im Büro. Ein Like auf Social Media. Eine kleine Nachricht. Dein Gehirn programmiert die andere Person langsam um: „Kenne ich. Sehe ich oft. Muss wohl okay sein."

Das funktioniert auch für deine eigenen Ziele. Willst du Sport machen? Leg deine Sportklamotten sichtbar hin. Jeden Tag. Auch wenn du nicht trainierst. Dein Gehirn gewöhnt sich an den Anblick. Irgendwann fühlt es sich seltsam an, sie NICHT anzuziehen.

SCHNELLWISSEN: In einer Studie wurden Studenten gebeten, chinesische Schriftzeichen zu bewerten, die sie nicht verstanden. Die Zeichen, die sie öfter gesehen hatten, bewerteten sie als „positiver" und „schöner» – obwohl sie keine Ahnung hatten, was die Zeichen bedeuteten. Pure Wiederholung verändert unsere Wahrnehmung.

Der Zeigarnik-Effekt (oder: Warum du nachts an die Arbeit denkst)

Dein Gehirn hasst unerledigte Aufgaben. Nicht ein bisschen. Es hasst sie richtig.

Bluma Zeigarnik, eine russische Psychologin, bemerkte, dass Kellner sich perfekt an Bestellungen erinnern konnten – bis die Rechnung bezahlt war. Danach? Völlig vergessen.

Dein Gehirn hält unerledigte Dinge im Arbeitsspeicher. Es erinnert dich ständig daran. „Hey, du musst noch..." – „Ich weiß!» – „Ja, aber ernsthaft, du musst..." Das kostet Energie. Es lenkt ab. Es stresst.

Sobald die Aufgabe erledigt ist? Klick. Gelöscht. Dein Gehirn macht Platz für Neues.

Das ist der Grund, warum To-Do-Listen so befriedigend sind. Es geht nicht nur darum, Dinge aufzuschreiben. Es geht darum, sie abzuhaken. Dieser kleine Strich durch die Zeile gibt deinem Gehirn das Signal: „Erledigt. Kannst du vergessen."

Aber hier ist der Trick: Du kannst diesen Effekt auch nutzen, um produktiver zu sein.

Hör mittendrin auf.

Klingt verrückt? Ernest Hemingway hat das gemacht. Er hörte jeden Tag mitten im Satz auf zu schreiben. Warum? Weil er wusste, dass sein Gehirn die Geschichte weiterspinnen würde. Die ganze Nacht. Am nächsten Morgen hatte er dutzende Ideen, wie es weitergeht.

Wenn du an einem Projekt arbeitest und einen natürlichen Pausenpunkt erreichst – hör NICHT auf. Fang mit dem nächsten Schritt an, mach ihn zur Hälfte fertig, und dann: Pause.

Dein Gehirn wird sich nicht entspannen können. Es wird im Hintergrund weitermachen. Und wenn du zurückkommst, weißt du sofort, wo du weitermachen musst.

Die Macht des „Weil" (oder: Wie ein Wort alles verändert)

Ein einfaches Experiment: Eine Frau will sich an einer Warteschlange am Kopierer vordrängeln.

Version 1: „Entschuldigung, ich habe fünf Seiten. Kann ich vorgehen?" Erfolgsquote: 60 Prozent

Version 2: „Entschuldigung, ich habe fünf Seiten. Kann ich vorgehen, weil ich es eilig habe?" Erfolgsquote: 94 Prozent

Version 3: „Entschuldigung, ich habe fünf Seiten. Kann ich vorgehen, weil ich Kopien machen muss?" Erfolgsquote: 93 Prozent

Moment. Die dritte Begründung ist keine Begründung. NATÜRLICH muss sie Kopien machen. Deswegen steht sie am Kopierer. Trotzdem funktioniert es fast genauso gut wie die echte Begründung.

Warum? Weil unser Gehirn ein Muster erkennt: Frage + „weil“ + Grund = legitime Bitte. Es prüft gar nicht mehr, ob der Grund Sinn ergibt. Das Wort „weil“ triggert automatisch: „Okay, klingt vernünftig.“

Nutze das. Immer wenn du etwas willst, häng ein „weil“ dran. Selbst wenn die Begründung schwach ist. „Kannst du mir das Salz reichen, weil ich es gerade brauche?“ Dein Gehirn und das Gehirn der anderen Person werden das als legitimer wahrnehmen als eine Bitte ohne Begründung.

Der Framing-Effekt (oder: Wie du die Realität veränderst, indem du sie anders beschreibst)

Zwei Aussagen:

- „Dieses Produkt hat eine 90-prozentige Erfolgsquote.“
- „Dieses Produkt scheitert in 10 Prozent der Fälle.”

Mathematisch identisch. Emotional? Völlig unterschiedlich.

Die erste klingt großartig. Die zweite beunruhigend. Obwohl sie exakt dasselbe bedeuten.

Das ist Framing. Die Art, wie du etwas präsentierst, verändert, wie Menschen es wahrnehmen.

Ärzte wissen das. „Diese Operation hat eine Überlebensrate von 90 Prozent“ klingt besser als „10 Prozent der Patienten sterben“. Beides wahr. Eines beruhigender.

Du kannst das im Alltag nutzen. Statt zu sagen „Ich habe keine Zeit“, sag „Das ist gerade nicht meine Priorität“. Klingt nach bewusster Entscheidung, nicht nach Opferrolle.

Statt „Ich kann das nicht“, sag „Ich kann das noch nicht“. Das kleine Wort „noch“ öffnet die Zukunft. Dein Gehirn hört: „Lernbar. Möglich. Nur eine Frage der Zeit.“

CHALLENGE: Die nächsten drei Tage, achte darauf, wie du über Dinge sprichst. Ersetz „Ich muss“ durch „Ich entscheide mich dafür“. „Ich kann nicht“ durch „Ich lerne gerade“. „Das ist zu schwer“ durch „Das ist eine

Herausforderung“. Beobachte, wie sich deine Stimmung verändert.

Die Macht der kleinen Verpflichtungen

Wenn du willst, dass Menschen etwas tun, lass sie es öffentlich sagen.

Studien zeigen: Menschen, die ihre Ziele laut aussprechen oder aufschreiben, erreichen sie mit höherer Wahrscheinlichkeit. Warum? Weil wir konsistent sein wollen. Wir wollen nicht als Lügner oder Versager dastehen.

Das nutzen Fitnessstudios. „Sag deinen Freunden, dass du jetzt trainierst!“ Das ist kein Marketing-Gag. Das ist Psychologie. Je mehr Menschen wissen, desto schwerer fällt es dir, aufzugeben.

Aber es funktioniert auch im Kleinen. Willst du, dass dein Partner den Müll rausbringt? Frag nicht einfach. Frag: „Kannst du den Müll heute Abend rausbringen?“ Warte auf „Ja“. Bam. Verpflichtung. Die Wahrscheinlichkeit, dass es passiert, ist jetzt deutlich höher.

Das große Bild

All diese Tricks haben etwas gemeinsam: Sie nutzen die Funktionsweise deines Gehirns. Sie arbeiten nicht gegen die Psychologie, sondern mit ihr.

Sind sie Manipulation? Kommt drauf an. Wenn du sie nutzt, um Menschen zu schaden oder gegen ihre Interessen zu handeln – ja. Wenn du sie nutzt, um bessere Kommunikation zu ermöglichen, Ziele zu erreichen, die für alle Beteiligten gut sind, oder einfach, um dein eigenes Leben zu verbessern – nein.

Du hackst nicht das System. Du verstehst es nur besser.

Und jetzt, wo du diese Tricks kennst, wirst du sie überall sehen. In Werbung. In Verhandlungen. In Gesprächen. Du wirst bemerken, wenn jemand versucht, dich zu ankern. Wenn jemand die Fuß-in-der-Tür-Technik benutzt. Wenn jemand dich durch Framing manipuliert.

Und dann kannst du entscheiden: Mitmachen oder dagegen halten.

Das ist Macht. Die Macht des Wissens.

Willkommen im Club.

4
Die Welt in Zahlen

Zahlen lügen nicht. Menschen schon. Aber Zahlen? Die sagen dir die Wahrheit, auch wenn du sie nicht hören willst. Und manchmal ist diese Wahrheit so absurd, so verblüffend, so komplett anders als das, was du dachtest, dass du danach die Welt mit anderen Augen siehst.

Willkommen in der Realität. Sie ist seltsamer, als du denkst.

Die Klopapier-Wahrheit

Fangen wir mit etwas an, das zu diesem Buch passt. Du sitzt gerade auf dem Klo, also reden wir über Klopapier.

Der durchschnittliche Deutsche verbraucht 134 Rollen pro Jahr. Das sind 12 Kilometer Klopapier. Zwölf. Kilometer.

Wenn du 80 Jahre alt wirst, hast du in deinem Leben fast eine Million Blatt Klopapier benutzt. Du könntest damit die Strecke von Berlin nach München auslegen. Zweimal.

Weltweit werden pro Tag etwa 23 Milliarden Blatt Toilettenpapier verbraucht. Das sind 270.000 Blatt pro Sekunde. In der Zeit, die du gebraucht hast, um diesen Absatz zu lesen, wurden etwa 5,4 Millionen Blatt Klopapier benutzt.

Und jetzt die verstörende Zahl: Für die weltweite Klopapier-Produktion werden täglich 27.000 Bäume gefällt. Täglich. Wir holzen Wälder ab, damit du dir den Hintern abwischen kannst.

AHA-MOMENT: 70 Prozent der Weltbevölkerung benutzen kein Klopapier. Die meisten Menschen auf diesem Planeten verwenden Wasser, ihre Hand oder gar nichts. Du und dein Klopapier? Das ist ein Luxus, den sich die Minderheit leistet.

Die Zeit, die du verschwendest

Reden wir über Zeit. Du denkst, du hast keine Zeit? Hier ist, wofür du tatsächlich Zeit hast.

Der durchschnittliche Deutsche verbringt pro Tag:

- 3 Stunden und 47 Minuten am Handy
- 3 Stunden und 16 Minuten vor dem Fernseher
- 2 Stunden und 19 Minuten in sozialen Medien
- 28 Minuten mit Pendeln zur Arbeit (pro Strecke, also fast eine Stunde insgesamt)

Das macht zusammen etwa 10 Stunden pro Tag. Bei einer durchschnittlichen Wachzeit von 16 Stunden bleiben dir 6 Stunden für alles andere: Essen, Arbeit (ha!), soziale Kontakte, Hobbys, existenzielle Krisen.

Rechnen wir das auf ein Leben hoch. Wenn du 80 Jahre alt wirst, verbringst du:

- 26 Jahre mit Schlafen
- 13 Jahre mit Arbeiten
- 9 Jahre vor Bildschirmen (Handy, TV, Computer kombiniert)
- 4 Jahre mit Essen
- 3 Jahre in Warteschlangen, Wartezimmern und im Stau
- 2 Jahre auf dem Klo (hey, immerhin liest du jetzt was Sinnvolles!)
- 1 Jahr mit Suchen nach verlegten Gegenständen

Das macht 58 Jahre. Für alles, was du wirklich LEBEN nennst – Freunde, Familie, Leidenschaft, Abenteuer, Liebe – bleiben dir etwa 22 Jahre.

Und du sagst, du hast keine Zeit zum Lesen?

SCHNELLWISSEN: Du verbringst durchschnittlich 6 Monate deines Lebens damit, an roten Ampeln zu warten. Ein halbes Jahr. Starren auf ein rotes Licht. Vielleicht solltest du anfangen, Hörbücher im Auto zu hören.

Die Illusion der Sicherheit

Menschen haben Angst vor den falschen Dingen. Das liegt daran, dass unser Gehirn Risiken emotional einschätzt, nicht rational.

Woran sterben die meisten Menschen? Rate mal.

Du denkst wahrscheinlich: Terrorismus, Flugzeugabstürze, Haiangriffe? Falsch, falsch, falsch.

Die Fakten:

- Jährlich sterben weltweit etwa 1,35 Millionen Menschen im Straßenverkehr. Das sind 3.700 pro Tag. Während du dieses Kapitel liest, sterben etwa 15 Menschen bei Autounfällen.
- An Haien sterben jährlich durchschnittlich 5 Menschen weltweit. FÜNF. Du hast eine höhere Wahrscheinlichkeit, von einer Kuh getötet zu werden (etwa 20 Todesfälle pro Jahr) als von einem Hai.
- Bei Flugzeugabstürzen sterben jährlich etwa 500 Menschen. Klingt viel? Im Straßenverkehr sterben alle 90 Minuten so viele Menschen.

Aber wir haben Angst vor Haien und Flugzeugen, nicht vor Autos. Warum? Weil Autofahren alltäglich ist. Unser Gehirn denkt: „Mache ich jeden Tag, also sicher.“ Falsch. Täglich heißt nur: häufig. Nicht sicher.

Die Wahrscheinlichkeit, die dich umhaut:

- Wahrscheinlichkeit, vom Blitz getroffen zu werden: 1 zu 500.000

- Wahrscheinlichkeit, im Lotto zu gewinnen (6 Richtige): 1 zu 14 Millionen
- Wahrscheinlichkeit, bei einem Hai-Angriff zu sterben: 1 zu 3,7 Millionen
- Wahrscheinlichkeit, bei einem Autounfall zu sterben: 1 zu 103

Du hast eine 36.000-mal höhere Wahrscheinlichkeit, bei einem Autounfall zu sterben als von einem Hai gefressen zu werden. Und trotzdem gehst du angstfrei Auto fahren, aber hast Panik beim Schwimmen im Meer.

Das Paradox des Reichtums

Deutschland ist eines der reichsten Länder der Welt. Trotzdem fühlen sich die meisten Menschen nicht reich. Warum?

Hier die Zahlen, die deine Perspektive verschieben werden:

Wenn du mehr als 4.210 Euro netto pro Monat verdienst, gehörst du in Deutschland zu den oberen 10 Prozent. Nicht zu den oberen 10 Prozent der Reichen. Zu den oberen 10 Prozent aller Menschen.

Wenn du sauberes Trinkwasser hast, ein Dach über dem Kopf, Zugang zu medizinischer Versorgung und genug zu essen, gehörst du weltweit zu den reichsten 15 Prozent der Menschheit.

Hast du ein Smartphone? Glückwunsch. 3,5 Milliarden Menschen auf diesem Planeten haben keins. Du besitzt mehr Rechenleistung in deiner Hosentasche als die NASA hatte, als sie Menschen auf den Mond schickte.

AHA-MOMENT: Wenn du heute Morgen aufgewacht bist und keine Angst hattest zu verhungern, bist du reicher als 800 Millionen Menschen auf diesem Planeten. Wenn du lesen kannst, was hier steht, bist du privilegierter als die 750 Millionen Erwachsenen weltweit, die Analphabeten sind.

Aber wir vergleichen uns nicht mit dem Durchschnitt der Menschheit. Wir vergleichen uns mit unserem Nachbarn, unserem Kollegen, den Leuten auf Instagram. Und plötzlich fühlen wir uns arm.

Die Macht der großen Zahlen

Unser Gehirn kann mit großen Zahlen nicht umgehen. Eine Million, eine Milliarde, eine Billion – alles klingt gleich groß. Ist es aber nicht.

Hier ein Gedankenexperiment:

Eine Million Sekunden sind etwa 11,5 Tage. Eine Milliarde Sekunden sind etwa 31,7 Jahre. Eine Billion Sekunden sind etwa 31.700 Jahre.

Wenn du vor einer Million Sekunden geboren wärst, wäre heute der 17. Dezember 2025. Wenn du vor einer Milliarde Sekunden geboren wärst, wäre das Jahr 1993. Wenn du vor einer Billion Sekunden geboren wärst, wären wir noch in der Steinzeit. Menschen würden gerade anfangen, Werkzeuge zu benutzen.

Das ist der Unterschied zwischen einer Million und einer Billion. Und trotzdem benutzen wir beide Begriffe, als wären sie irgendwie vergleichbar.

SCHNELLWISSEN: Elon Musk hat ein Vermögen von etwa 200 Milliarden Dollar. Klingt abstrakt? Hier ist es greifbar: Wenn du ab Geburt Jesu Christi jeden Tag 10 Millionen Dollar verdient hättest, ohne einen Cent auszugeben, hättest du heute etwa 7,4 Milliarden Dollar. Elon Musk hat 27-mal so viel. Die Reichsten der Reichen leben in einer anderen Realität.

Das Bevölkerungswachstum, das niemand wahrnimmt

Während du dieses Kapitel liest – sagen wir, etwa 8 Minuten – passiert Folgendes auf der Welt:

- 2.064 Babys werden geboren
- 896 Menschen sterben
- Die Weltbevölkerung wächst um 1.168 Menschen

Alle 8 Sekunden kommt ein Mensch dazu. Netto. Das heißt, nachdem Geburten und Todesfälle verrechnet wurden.

Als du heute Morgen aufgewacht bist, lebten etwa 8,2 Milliarden Menschen auf der Erde. Wenn du heute Abend ins Bett gehst, werden es etwa 225.000 mehr sein.

Pro Jahr wächst die Weltbevölkerung um etwa 82 Millionen Menschen. Das ist, als würde jedes Jahr ein komplett neues Deutschland entstehen. Nur ohne Autobahn und Bürokratie.

1950 lebten 2,5 Milliarden Menschen auf der Erde. Heute sind es 8,2 Milliarden. In deiner Lebenszeit hat sich die Weltbevölkerung wahrscheinlich verdoppelt. Und du hast es kaum bemerkt.

PROBIER‘S AUS: Such auf Google nach „Weltbevölkerungszähler“. Schau ihm 60 Sekunden zu. Du wirst sehen, wie die Zahlen hochrasen. Das ist die Realität, in Echtzeit. Irgendwie verstörend, oder?

Die Ungleichheit, die dir den Atem raubt

Hier wird‘s unangenehm. Aber Zahlen lügen nicht.

Die 8 reichsten Menschen der Welt besitzen zusammen so viel wie die ärmere Hälfte der Weltbevölkerung. 8 Menschen. 4,1 Milliarden Menschen. Gleich viel Vermögen.

Anders ausgedrückt: Diese 8 Typen könnten in einem Minibus sitzen. Und ihr Vermögen entspricht dem von 4,1 Milliarden Menschen, die, würden sie sich die Hände geben, zweimal um den Äquator reichen würden.

In Deutschland besitzen die reichsten 10 Prozent etwa 60 Prozent des gesamten Vermögens. Die ärmere Hälfte der Bevölkerung besitzt zusammen etwa 1 Prozent.

Das bedeutet: Wenn du durch deine Stadt läufst und 100 Menschen siehst, besitzen 10 von ihnen 60 Prozent von allem, was diese 100 Menschen zusammen haben. Die anderen 50 teilen sich 1 Prozent.

Fair? Darüber lässt sich streiten. Real? Definitiv.

Der CO2-Fußabdruck, den du nicht sehen willst

Reden wir über Klimawandel. Nicht politisch. Nur Zahlen.

Der durchschnittliche Deutsche produziert etwa 10 Tonnen CO2 pro Jahr. Das klingt abstrakt. Hier ist es greifbar:

Ein Flug von Berlin nach New York und zurück: 3,65 Tonnen CO2. Du verbrauchst mit einem einzigen Urlaub ein Drittel deines Jahresbudgets, wenn wir das 1,5-Grad-Ziel erreichen wollen (erlaubt wären etwa 2 Tonnen pro Person und Jahr).

Ein durchschnittliches Auto fährt etwa 15.000 Kilometer pro Jahr und verbraucht dabei etwa 1.000 Liter Benzin. Das entspricht etwa 2,3 Tonnen CO2. Nur durch Autofahren.

Deine Ernährung: Ein Kilogramm Rindfleisch verursacht etwa 13,3 Kilogramm CO2. Ein Kilogramm Tomaten? 0,2 Kilogramm. Der durchschnittliche Deutsche isst etwa 60 Kilogramm Fleisch pro Jahr. Das sind allein durch Fleischkonsum etwa 800 Kilogramm CO2.

Rechnen wir zusammen: Flug (einmal pro Jahr), Auto, Fleisch, Heizung, Strom, Konsum. Zack, 10 Tonnen. Und das ist nur der Durchschnitt. Viele liegen deutlich höher.

SCHNELLWISSEN: Um das 1,5-Grad-Ziel zu erreichen, müsste jeder Mensch weltweit seinen CO2-Ausstoß auf etwa 2 Tonnen pro Jahr reduzieren. Der durchschnittliche Deutsche liegt bei 10 Tonnen, der durchschnittliche US-Amerikaner bei 16 Tonnen. Ein Mensch in Burundi? 0,027 Tonnen. Wir leben nicht in derselben Welt.

Das Glücksparadox

Macht Geld glücklich? Die Zahlen sagen: Ja. Aber nur bis zu einem bestimmten Punkt.

Studien zeigen: Bis zu einem Jahreseinkommen von etwa 70.000 bis 80.000 Euro (in wohlhabenden Ländern) steigt das Glücksempfinden mit dem Einkommen. Darüber hinaus? Kaum noch Effekt.

Warum? Weil bis zu diesem Punkt Geld echte Probleme löst. Du musst dir keine Sorgen um Miete, Essen, medizinische Versorgung machen. Du kannst dir kleine Freuden leisten. Du hast Sicherheit.

Darüber hinaus kaufst du vor allem Status und Luxus. Und der macht nicht glücklicher, weil du dich immer mit noch Reicheren vergleichst.

Noch interessanter: Menschen in ärmeren Ländern berichten oft höhere Lebenszufriedenheit als Menschen in reichen Ländern. Costa Rica, ein Land mit einem Bruchteil des deutschen Wohlstands, landet regelmäßig auf Platz 1 im Happy Planet Index.

AHA-MOMENT: Die glücklichsten Länder der Welt sind nicht die reichsten. Sie haben starke soziale Bindungen, geringes Stresslevel, Zugang zur Natur und ein Gefühl von Gemeinschaft. Geld hilft. Aber ab einem bestimmten Punkt helfen andere Dinge mehr.

Die Plastik-Apokalypse

Jede Minute landet eine Müllwagenladung Plastik im Meer. Eine. Minute.

Seit 1950 haben wir etwa 8,3 Milliarden Tonnen Plastik produziert. Davon wurden nur 9 Prozent recycelt. 12 Prozent wurden verbrannt. 79 Prozent liegen irgendwo in der Umwelt oder auf Mülldeponien.

Bis 2050 wird es mehr Plastik als Fische im Meer geben (nach Gewicht). Das ist keine Dystopie. Das ist die aktuelle Prognose, wenn sich nichts ändert.

Du denkst, das betrifft dich nicht? Mikroplastik wurde in menschlichem Blut nachgewiesen. In der Plazenta von Schwangeren. In der Muttermilch. Wir haben eine Substanz erschaffen, die sich in unseren Körpern ansammelt, und niemand weiß genau, was sie langfristig mit uns macht.

PROBIER'S AUS: Zähl heute mal, wie viele Plastikgegenstände du benutzt. Zahnbürste, Duschgel-Flasche, Verpackung vom Frühstück, Kaffeebecher-Deckel, Einkaufstüte, Handy-Hülle. Wenn du über 20 kommst, liegst du im Durchschnitt. Wenn du unter 10 bleibst, lebst du entweder sehr bewusst oder sehr minimalistisch.

Die Bildschirmzeit-Bombe

Der durchschnittliche Mensch schaut etwa 100-mal pro Tag auf sein Handy. Einhundert. Mal.

Wenn du wach bist, heißt das: Du checkst alle 10 Minuten dein Handy. Jedes Mal reißt du dich aus dem, was du gerade tust. Dein Gehirn braucht etwa 23 Minuten, um sich wieder voll auf eine Aufgabe zu konzentrieren.

Rechne das hoch: 100 Unterbrechungen x 23 Minuten = 2.300 Minuten. Das sind 38 Stunden. Du verschwendest theoretisch fast zwei volle Tage pro Tag mit dem Versuch, dich wieder zu konzentrieren.

Natürlich überschneiden sich diese Zeiten. Aber die Botschaft ist klar: Dein Handy zerstört deine Produktivität. Nicht ein bisschen. Massiv.

SCHNELLWISSEN: Die durchschnittliche menschliche Aufmerksamkeitsspanne ist von 12 Sekunden im Jahr 2000 auf 8 Sekunden im Jahr 2023 gesunken. Goldfische haben eine Aufmerksamkeitsspanne von 9 Sekunden. Ja, du hast richtig gelesen. Goldfische können sich länger konzentrieren als du.

Die Lebenserwartungs-Lotterie

Wo du geboren wirst, entscheidet mehr über dein Leben als fast alles andere.

Lebenserwartung in Deutschland: 81 Jahre Lebenserwartung in Lesotho: 54 Jahre

Das ist ein Unterschied von 27 Jahren. Mehr als ein Vierteljahrhundert. Nur weil du auf der „richtigen“ Seite des Planeten geboren wurdest.

Wenn du heute in Deutschland geboren wirst, ist die Wahrscheinlichkeit hoch, dass du:

- Lesen und Schreiben lernst (in 20 Ländern liegt die Alphabetisierungsrate unter 50 Prozent)
- Zugang zu sauberem Wasser hast (2,2 Milliarden Menschen haben das nicht)

- Deine Kindheit überlebst (in einigen Ländern stirbt jedes zehnte Kind vor seinem fünften Geburtstag)
- Zur Schule gehst (etwa 260 Millionen Kinder weltweit haben keinen Zugang zu Bildung)

Du hast die Geburts-Lotterie gewonnen. Nicht durch Leistung. Nicht durch Verdienst. Durch puren Zufall.

Das große Bild

Zahlen sind nicht nur Zahlen. Sie sind Fenster in die Realität. Eine Realität, die oft nicht zu dem passt, was wir fühlen, glauben oder wahrnehmen.

Du fühlst dich gestresst, arm, überwältigt? Die Zahlen sagen: Du gehörst weltweit zu den privilegiertesten Menschen, die jemals gelebt haben.

Du denkst, die Welt wird schlechter? Die Zahlen sagen: Noch nie in der Menschheitsgeschichte lebten so wenige Menschen in extremer Armut. Noch nie war die Kindersterblichkeit so niedrig. Noch nie hatten so viele Menschen Zugang zu Bildung.

Aber gleichzeitig: Noch nie war die Ungleichheit so groß. Noch nie haben wir so viel Müll produziert. Noch nie waren wir so abgelenkt.

Die Welt ist kompliziert. Die Zahlen zeigen uns das. Und manchmal, wenn wir bereit sind hinzuschauen, ändern sie unsere Perspektive.

Du sitzt immer noch auf dem Klo? Dann denk mal darüber nach: In den etwa 10 Minuten, die du hier verbracht hast, sind weltweit etwa 2.500 Menschen geboren worden, 1.100 gestorben, und die Menschheit hat etwa 190.000 Tonnen CO_2 produziert.

Die Welt dreht sich weiter. Mit oder ohne dich.

Aber jetzt weißt du wenigstens, in welche Richtung.

5
Körpersprache entschlüsselt

Du redest die ganze Zeit. Auch wenn du den Mund hältst.

Dein Körper ist ein Plaudertasche. Er erzählt Geschichten über dich – ob du willst oder nicht. Wie du sitzt, wo deine Füße hinzeigen, was deine Hände machen, wie lange du jemandem in die Augen schaust. Alles sendet Signale. Ständig. Ohne Pause.

Das Problem: Die meisten Menschen haben keine Ahnung, was ihr Körper erzählt. Noch schlimmer: Sie haben keine Ahnung, was die Körper anderer Menschen ihnen mitteilen.

Willkommen im Crashkurs Körpersprache. Nach diesem Kapitel wirst du Menschen lesen können wie ein offenes Buch. Ein etwas verschwommenes Buch mit vielen Rechtschreibfehlern, aber immerhin.

Der größte Mythos: Verschränkte Arme

Fangen wir mit dem Klassiker an. Der Sache, die jeder zu wissen glaubt.

„Verschränkte Arme bedeuten, die Person ist abweisend, verschlossen, defensiv.“

Bullshit. Kompletter Bullshit.

Manchmal sind verschränkte Arme einfach nur bequem. Oder der Person ist kalt. Oder sie hat gerade gegessen und der Bauch drückt. Oder sie weiß nicht, wohin mit den Händen. Oder die Bluse kratzt. Oder sie versucht, ihren Bauch zu verstecken, weil die Jeans nach Weihnachten ein bisschen eng sitzt.

Die Wahrheit über Körpersprache ist: Es gibt keine einzelnen „magischen“ Gesten, die immer dasselbe bedeuten. Körpersprache ist Kontext. Ein Gesamtbild. Eine Geschichte, die aus vielen Teilen besteht.

Verschränkte Arme + abgewandter Körper + keine Blickkontakt + zusammengepresste Lippen = Ja, die Person will wahrscheinlich gerade nicht mit dir reden.

Verschränkte Arme + zugewandter Körper + Lächeln + Nicken + offener Blick = Die Person hört konzentriert zu und denkt über das nach, was du sagst.

AHA-MOMENT: Körpersprache-Experten schauen nie auf eine einzelne Geste. Sie suchen nach Clustern – Gruppen von Signalen, die zusammen ein Bild ergeben. Mindestens drei Signale sollten in dieselbe Richtung zeigen, bevor du irgendwelche Schlüsse ziehst.

Die Füße lügen nie

Hier ist das Geheimnis, das die meisten Menschen nicht kennen: Füße sind der ehrlichste Teil des Körpers.

Warum? Weil wir nicht darauf achten. Wir haben gelernt, unser Gesicht zu kontrollieren. Wir wissen, dass wir lächeln sollten, auch wenn uns danach nicht zumute ist. Wir haben gelernt, Augenkontakt zu halten, auch wenn wir uns unwohl fühlen.

Aber Füße? Die vergessen wir. Die laufen im Hintergrund auf Autopilot.

Wenn jemand mit dir spricht, aber die Füße zeigen zur Tür – die Person will weg. Egal was der Mund sagt, egal wie freundlich das Gesicht aussieht. Die Füße zeigen, wohin das Gehirn wirklich will.

Wenn jemand sitzt und ein Fuß wippt schnell auf und ab – Stress, Ungeduld oder Aufregung. Das Nervensystem läuft auf Hochtouren.

Wenn jemand im Gespräch beide Füße fest auf den Boden stellt und leicht auseinander – die Person fühlt sich sicher, stabil, bereit für Auseinandersetzung. Das ist eine Machtposition.

Wenn sich jemand auf die Fußspitzen stellt oder die Füße um die Stuhlbeine wickelt – Unsicherheit, Unbehagen, der Wunsch, kleiner zu wirken.

PROBIER'S AUS: Beim nächsten Gespräch – egal ob Arbeit, Date oder Familientreffen – schau auf die Füße. Ignorier erst mal den Rest. Wohin zeigen sie? Was machen sie? Du wirst überrascht sein, wie viel du plötzlich „hörst“, ohne dass jemand spricht.

Augenkontakt: Zu viel ist gruselig, zu wenig ist verdächtig

Augenkontakt ist kompliziert. Zu viel wirkt aggressiv oder gruselig. Zu wenig wirkt unsicher oder unehrlich. Der Sweet Spot liegt irgendwo dazwischen.

Studien zeigen: In westlichen Kulturen ist der ideale Augenkontakt etwa 60 bis 70 Prozent der Gesprächszeit. Das bedeutet: Du schaust die Person an, schaust weg, schaust wieder hin. Ein natürlicher Rhythmus.

Aber es wird interessanter. Die Richtung, in die Menschen schauen, wenn sie wegschauen, verrät etwas.

Blick nach oben links (aus deiner Sicht): Die Person konstruiert ein Bild. Möglicherweise lügt sie, möglicherweise visualisiert sie nur etwas Neues.

Blick nach oben rechts: Die Person erinnert sich an ein Bild. Etwas, das sie tatsächlich gesehen hat.

Blick nach unten links: Die Person führt einen inneren Dialog. Sie redet mit sich selbst.

Blick nach unten rechts: Die Person erinnert sich an ein Gefühl oder eine Emotion.

Aber Achtung: Das ist nicht in Stein gemeißelt. Bei manchen Menschen ist es umgekehrt, besonders bei Linkshändern. Und manche Menschen haben das gelernt zu kontrollieren. Trotzdem: Es ist ein Anhaltspunkt.

SCHNELLWISSEN: Wenn jemand beim Lügen nach oben schaut, liegt das oft daran, dass Lügen kreative Arbeit ist. Das Gehirn muss eine Geschichte erfinden, und das passiert in den visuellen Bereichen. Wahrheit erinnern ist einfacher als Lügen konstruieren.

Das Lächeln, das nicht echt ist

Es gibt zwei Arten von Lächeln. Das echte und das falsche. Und dein Gehirn erkennt den Unterschied, auch wenn du es nicht bewusst merkst.

Das echte Lächeln heißt Duchenne-Lächeln, benannt nach einem französischen Neurologen. Es aktiviert zwei Muskelgruppen: Die um den Mund (Musculus zygomaticus major) und die um die Augen (Musculus orbicularis oculi).

Echtes Lächeln = Mund + Augen. Die Augen werden schmaler, es bilden sich kleine Krähenfüße an den Seiten. Das ganze Gesicht lacht.

Falsches Lächeln = Nur der Mund. Die Augen bleiben kalt, neutral. Es sieht aus wie auf Knopfdruck. Weil es das auch ist.

Menschen können den Mund bewusst kontrollieren. Die Muskeln um die Augen? Die sind schwieriger. Die arbeiten nur, wenn das Lächeln echt ist.

Deshalb sagen wir: „Sie lacht nicht mit den Augen." Wir wissen, dass etwas nicht stimmt, auch wenn wir nicht genau sagen können, was.

AHA-MOMENT: Beim nächsten Meeting, beim nächsten Date, beim nächsten Familienfest – schau auf die Augen, wenn Menschen lächeln. Wer lacht wirklich? Wer tut nur so? Du wirst überrascht sein, wie oft Menschen höflich lächeln, ohne es zu meinen.

Die Macht der Spiegelung

Hier wird's richtig interessant. Menschen, die sich mögen, spiegeln sich unbewusst.

Wenn du jemandem gegenübersitzt und die Person lehnt sich zurück – und kurz danach lehnst du dich auch zurück – das ist Rapport. Eine unbewusste Verbindung.

Wenn jemand sein Glas nimmt, und du nimmst kurz danach auch dein Glas – Spiegelung. Euer Gehirne synchronisieren sich.

Das passiert automatisch bei guten Gesprächen, bei Menschen, die sich verstehen, bei Dates, die gut laufen. Die Körper tanzen einen unbewussten Tanz.

Und hier kommt der Trick: Du kannst es umgekehrt nutzen. Wenn du absichtlich jemanden spiegelst – subtil, nicht offensichtlich – fühlt sich die Person unbewusst mit dir verbunden.

Lehnt sich die Person vor? Lehn dich ein paar Sekunden später auch vor. Verschränkt sie die Arme? Verschränke deine auch. Spricht sie langsam? Sprich langsamer.

Studien zeigen: Menschen, die gespiegelt werden, finden ihr Gegenüber sympathischer, vertrauenswürdiger und überzeugender. Und sie merken es nicht mal.

PROBIER'S AUS: Beim nächsten Gespräch, wo du einen guten Eindruck machen willst – Vorstellungsgespräch, Verhandlung, Date – spiegele bewusst die Körpersprache der anderen Person. Aber subtil. Mit ein paar Sekunden Verzögerung. Beobachte, wie sich die Dynamik verändert.

Die Selbstberuhigungs-Gesten

Menschen berühren sich selbst, wenn sie gestresst sind. Das sind Selbstberuhigungs-Gesten, die wir alle machen, ohne es zu merken.

Hals berühren: Besonders bei Frauen. Der Hals ist verwundbar, unbewusst schützen wir ihn, wenn wir uns unwohl fühlen.

Nacken reiben: Bei Männern häufiger. „Das stresst mich." Buchstäblich. Die Hand wandert automatisch zum Nacken.

Lippen berühren: Ein Zeichen von Unsicherheit oder Nachdenken. Die Person ist nicht sicher, ob sie etwas sagen soll.

Haare zwirbeln: Nervosität, Unsicherheit, manchmal auch Flirten (Kontext ist alles).

Mit Schmuck spielen: Ring drehen, Halskette berühren, Armband verschieben. Das Gehirn sucht nach Ablenkung, nach etwas, das beruhigt.

Wenn du diese Gesten bei jemandem siehst – die Person ist gestresst. Vielleicht durch das Gespräch, vielleicht durch etwas anderes. Aber das Nervensystem läuft auf Hochtouren.

Und hier ist der Kicker: Wenn du diese Gesten bei dir selbst bemerkst, kannst du aktiv gegensteuern. Hände bewusst auf den Tisch legen. Tief durchatmen. Dein Körper beeinflusst deinen Geist, nicht nur andersherum.

Die Distanzzonen (oder: Warum du dich manchmal unwohl fühlst, ohne zu wissen warum)

Menschen haben unsichtbare Blasen um sich herum. Persönliche Distanzzonen. Wenn jemand diese Zonen verletzt, fühlen wir uns unwohl – auch wenn wir nicht genau sagen können, warum.

Intime Zone (0 bis 45 cm): Nur für engste Vertraute. Partner, Kinder, beste Freunde. Wenn ein Fremder hier eindringt, schreit jede Zelle in deinem Körper „Gefahr!"

Persönliche Zone (45 cm bis 1,2 Meter): Für Freunde und Bekannte. Gespräche auf Partys, lockere Unterhaltungen.

Soziale Zone (1,2 bis 3,6 Meter): Für Kollegen, Bekannte, neue Menschen. Geschäftsgespräche, höfliche Interaktionen.

Öffentliche Zone (über 3,6 Meter): Für Vorträge, öffentliche Reden, Situationen wo persönliche Verbindung keine Rolle spielt.

Diese Zonen sind kulturell unterschiedlich. In südeuropäischen und lateinamerikanischen Kulturen sind sie kleiner. Menschen stehen näher beieinander. In nordeuropäischen und asiatischen Kulturen sind sie größer.

Aber innerhalb einer Kultur sind sie relativ konsistent. Und wenn jemand deine Zone verletzt, spürst du es sofort. Dein Körper weicht zurück, dreht sich weg, baut Barrieren auf (verschränkte Arme, Tasche vor dem Körper).

SCHNELLWISSEN: In überfüllten U-Bahnen oder Aufzügen, wo die Distanzzonen zwangsweise verletzt werden, vermeiden Menschen Augenkontakt und starren auf ihre Handys oder ins Nichts. Das ist kein Zufall. Das Gehirn kompensiert: „Ich kann den physischen Raum nicht vergrößern, also schaffe ich psychischen Raum durch Blickvermeidung."

Die Macht-Posen

Deine Körperhaltung beeinflusst nicht nur, wie andere dich wahrnehmen. Sie beeinflusst auch, wie du dich selbst fühlst.

Amy Cuddy, eine Harvard-Psychologin, hat das berühmt gemacht mit ihrem TED Talk über „Power Posing". Die Grundidee: Bestimmte Körperhaltungen verändern deinen Hormonhaushalt.

Macht-Posen (groß, ausgebreitet, Raum einnehmend):

- Arme in die Höhe gestreckt (der „Victory"-Pose)
- Hände in die Hüften, Beine auseinander (der „Wonder Woman")
- Zurückgelehnt, Hände hinter dem Kopf, Füße auf dem Tisch

Zwei Minuten in so einer Pose erhöhen nachweislich das Testosteron (Dominanzhormon) und senken Cortisol (Stresshormon). Du fühlst dich selbstbewusster, mutiger, bereiter für Herausforderungen.

Schwäche-Posen (klein, zusammengerollt, wenig Raum einnehmend):

- Arme verschränkt, Schultern nach vorne
- Zusammengesunken, Blick nach unten
- Beine eng zusammen, Körper eingeklappt

Zwei Minuten in so einer Pose senken Testosteron und erhöhen Cortisol. Du fühlst dich unsicherer, ängstlicher, gestresster.

PROBIER'S AUS: Vor dem nächsten wichtigen Gespräch – Vorstellungsgespräch, Präsentation, schwierige Unterhaltung – geh aufs Klo (ha, siehst du, alles kommt zurück zum Klo) und stell dich zwei Minuten in eine Macht-Pose. Arme hoch, Brust raus, Beine breit. Fühlt sich albern an. Funktioniert trotzdem. Dein Körper hackt dein Gehirn.

Die Mikroexpressionen (oder: Das Gesicht, das eine Zehntelsekunde dauert)

Hier wird's wirklich nerdig. Mikroexpressionen sind winzige, blitzschnelle Gesichtsausdrücke, die etwa eine Zehntelsekunde dauern. Sie passieren, bevor das bewusste Gehirn sie unterdrücken kann.

Jemand sagt „Ich bin so glücklich für dich!" aber für einen Bruchteil einer Sekunde blitzt Neid über das Gesicht. Jemand sagt „Kein Problem, mache ich gerne" aber da ist ein Hauch von Ärger in den Augenbrauen.

Paul Ekman, ein Psychologe, hat sein Leben damit verbracht, diese Mikroexpressionen zu katalogisieren. Er identifizierte sieben universelle Emotionen, die in jedem Gesicht auf diesem Planeten gleich aussehen:

- Freude
- Trauer
- Wut
- Angst
- Überraschung
- Ekel
- Verachtung

Diese Ausdrücke sind angeboren, nicht erlernt. Ein Baby in Tokio zeigt Freude genauso wie ein Baby in São Paulo. Das ist Evolution, tief verdrahtet in unserem Gehirn.

Die meisten Menschen können Mikroexpressionen nicht bewusst wahrnehmen. Aber unser Unterbewusstsein sieht sie. Deshalb haben wir manchmal ein „Bauchgefühl“, dass jemand lügt oder etwas verheimlicht, ohne zu wissen, warum.

AHA-MOMENT: Beim FBI, bei Verhörspezialisten, bei Pokerspielern – überall dort, wo es darauf ankommt, Lügen zu erkennen, werden Menschen trainiert, Mikroexpressionen zu lesen. Du kannst das auch lernen. Es gibt Online-Training dafür. Und plötzlich wird die Welt sehr viel transparenter.

Die Sache mit dem Händedruck

Ein guter Händedruck ist gold wert. Aber was ist ein guter Händedruck?

Zu fest: Du versuchst zu hart. Übercompensation. Unsicherheit, die sich als Stärke tarnt.

Zu schlaff: Der „tote Fisch“. Zeigt Desinteresse, Unsicherheit oder schlicht schlechte Erziehung.

Zu lang: Wird creepy. Drei Sekunden, maximal. Dann lass los.

Zu kurz: Wirkt abweisend. Mindestens eine vollständige Auf-und-ab-Bewegung.

Der ideale Händedruck:

- Voller Handkontakt (nicht nur die Finger)
- Fester Griff, aber nicht schmerzhaft
- Zwei bis drei Sekunden
- Begleitet von Augenkontakt und einem Lächeln
- Vertikale Bewegung (keine Dominanzspiele durch Drehen der Hand nach oben)

Studien zeigen: Menschen mit gutem Händedruck werden als vertrauenswürdiger, kompetenter und sympathischer wahrgenommen. Ein einziger Moment, drei Sekunden, massiver Einfluss auf den ersten Eindruck.

SCHNELLWISSEN: Der Handschlag entstand vermutlich als Zeichen: „Ich habe keine Waffe." Die ausgestreckte rechte Hand (die Waffenhand) zeigt Friedensabsicht. Heute ist es ein Ritual. Aber die Botschaft ist dieselbe: „Ich bin keine Bedrohung."

Die Lügen-Signale (oder: Wie du erkennst, dass jemand Bullshit erzählt)

Kann man Lügen an der Körpersprache erkennen? Ja. Aber nicht so einfach, wie Filme es darstellen.

Menschen, die lügen, zeigen oft folgende Cluster:

- Weniger Augenkontakt (sie schauen weg, weil das Gehirn überlastet ist)
- Mehr Selbstberührungs-Gesten (Stress durch die kognitive Last des Lügens)
- Steifere Körperhaltung (sie versuchen, sich zu kontrollieren)
- Weniger Gestik (die Hände werden bewusst ruhig gehalten)
- Inkonsistenzen zwischen Worten und Körper (sie sagen Ja, aber der Kopf schüttelt Nein)

Aber Vorsicht: Manche Menschen sind einfach nervös. Nervosität sieht aus wie Lügen. Der Unterschied? Timing.

Wenn jemand während des gesamten Gesprächs nervös ist – wahrscheinlich nur nervös. Wenn die nervösen Signale nur bei bestimmten Fragen auftauchen – könnte eine Lüge sein.

Noch wichtiger: Schaffe eine Baseline. Wie verhält sich die Person normalerweise? Dann achte auf Abweichungen. Wenn jemand normalerweise lebhaft gestikuliert und plötzlich steif wird – roter Alarm.

Die größte Lektion

Nach all dem hier ist die wichtigste Erkenntnis: Körpersprache ist keine exakte Wissenschaft. Es ist Wahrscheinlichkeit. Muster. Hinweise.

Ein Signal allein bedeutet nichts. Drei Signale sind ein Cluster. Fünf Signale sind eine Geschichte.

Und die Geschichte ist nie schwarz-weiß. Menschen sind kompliziert. Kontexte sind wichtig. Kulturen unterscheiden sich.

Aber wenn du anfängst, aufmerksam zu sein – auf Füße, auf Hände, auf Mikroexpressionen, auf die Distanz zwischen Menschen, auf die Art, wie sie atmen – öffnet sich eine ganz neue Ebene der Kommunikation.

Du wirst Dinge „hören“, die nie ausgesprochen werden. Du wirst Wahrheiten erkennen, die hinter Lügen versteckt sind. Du wirst verstehen, wie Menschen sich wirklich fühlen, nicht wie sie behaupten zu fühlen.

Das ist Macht. Aber mit Macht kommt Verantwortung. Nutze dieses Wissen nicht, um Menschen zu manipulieren. Nutze es, um besser zu kommunizieren, um Missverständnisse zu vermeiden, um echte Verbindungen zu schaffen.

Denn am Ende des Tages senden wir alle ständig Signale. Die Frage ist nur: Wer hört zu?

Jetzt gehörst du zu denen, die zuhören.

Auch wenn nichts gesagt wird.

6
Kleine Philosophie-Häppchen

Philosophie klingt nach verstaubten Bibliotheken, komplizierten Wörtern und Menschen mit Bärten, die über Dinge nachdenken, die niemand versteht. Falsch. Philosophie ist der Versuch, die großen Fragen zu beantworten: Warum bin ich hier? Was soll ich tun? Was kann ich wissen? Wie soll ich leben?

Das sind keine akademischen Spielereien. Das sind die Fragen, die dich nachts wachhalten. Die Fragen, über die du nachdenkst, wenn du auf dem Klo sitzt und plötzlich Zeit hast, tatsächlich zu denken.

Willkommen bei den größten Denkern der Menschheit. Wir überspringen den langweiligen Teil und gehen direkt zu den Ideen, die dein Leben verändern können. In drei Minuten oder weniger pro Philosoph. Versprochen.

Sokrates: Der nervigste Typ im antiken Griechenland

Sokrates hat nie etwas aufgeschrieben. Alles, was wir über ihn wissen, kommt von seinem Schüler Platon. Aber dieser Typ hat die westliche Philosophie praktisch erfunden, also sollten wir mal kurz zuhören.

Sokrates‘ Spezialität? Leute mit Fragen nerven, bis sie merkten, dass sie eigentlich keine Ahnung haben.

Typisches Sokrates-Gespräch: „Ich bin ein guter Mensch!“ „Interessant. Was ist denn ‚gut‘?“ „Na, wenn man das Richtige tut.“ „Ah. Und was ist ‚richtig‘?“ „Ähm... das, was nicht falsch ist?“ „Faszinierend. Und was ist ‚falsch‘?“

Nach zehn Minuten wusste niemand mehr, wovon überhaupt die Rede war. Die Athener fanden das so nervig, dass sie ihm Gift zu trinken gaben. Aber seine Methode funktioniert bis heute.

Die sokratische Methode: Frage alles. Nimm nichts als selbstverständlich hin. Wenn jemand sagt „Das ist halt so“, frag: „Warum?“ Und dann nochmal: „Warum?“ Und noch einmal: „Aber warum?“

Irgendwann stellt sich heraus: Die meisten Dinge, die wir für Wahrheiten halten, sind einfach Dinge, die wir nie hinterfragt haben.

Sokrates‘ berühmtester Satz: „Ich weiß, dass ich nichts weiß.»

Das ist keine falsche Bescheidenheit. Das ist echte Weisheit. Die meisten Menschen wissen nicht mal, dass sie nichts wissen. Sie denken, sie wüssten Bescheid. Sokrates wusste es besser.

PROBIER‘S AUS: Beim nächsten Gespräch, wo jemand eine absolute Aussage macht („Das ist halt so“, „Das machen alle so“, „Das war schon immer so“), frag einfach: „Warum?“ Nicht aggressiv. Einfach neugierig. Schau, wie schnell das Kartenhaus zusammenbricht.

Epiktet: Der Sklave, der freier war als Kaiser

Epiktet wurde als Sklave geboren. Er hatte weniger Rechte als ein Hund. Und trotzdem entwickelte er eine Philosophie, die ihm mehr innere Freiheit gab als jedem römischen Kaiser.

Seine zentrale Idee ist brutal simpel: Es gibt Dinge, die du kontrollieren kannst, und Dinge, die du nicht kontrollieren kannst. Konzentriere dich auf das, was du kontrollieren kannst. Den Rest? Lass los.

Was du kontrollieren kannst:

- Deine Gedanken
- Deine Reaktionen
- Deine Werte
- Deine Einstellung

Was du nicht kontrollieren kannst:

- Das Wetter
- Andere Menschen
- Die Vergangenheit
- Die Zukunft
- Praktisch alles andere

Die meisten Menschen verbringen 90 Prozent ihrer Energie damit, sich über Dinge aufzuregen, die sie nicht kontrollieren können. „Warum regnet es heute?" „Warum ist der Chef so ein Arschloch?" „Warum hat sie mich verlassen?"

Epiktet würde sagen: Verschwendete Energie. Du kannst das Wetter nicht ändern. Du kannst deinen Chef nicht ändern. Du kannst nicht ändern, was passiert ist.

Aber du kannst ändern, wie du darauf reagierst.

AHA-MOMENT: Jedes Mal, wenn du dich über etwas aufregst, frag dich: „Kann ich das ändern?" Wenn ja: Tu etwas. Wenn nein: Lass es los. Klingt einfach, ist verdammt schwer. Aber wer das beherrscht, ist praktisch unbesiegbar.

Diogenes: Der Philosoph, der in einer Tonne lebte

Diogenes war der Punk der antiken Philosophie. Er lehnte alles ab – Besitz, soziale Normen, Höflichkeit, Kleidung (meistens). Er lebte buchstäblich in einem großen Fass auf dem Marktplatz in Athen.

Einmal kam Alexander der Große zu ihm. Alexander, der mächtigste Mann der bekannten Welt, fragte: „Ich bin Alexander der Große. Was kann ich für dich tun?"

Diogenes, der gerade in der Sonne lag, antwortete: „Geh mir aus der Sonne."

Das war's. Der mächtigste Mann der Welt bot ihm alles an, und Diogenes wollte nur, dass er sich bewegt, weil er Schatten warf.

Alexander soll später gesagt haben: „Wenn ich nicht Alexander wäre, würde ich gerne Diogenes sein."

Diogenes' Philosophie: Wir brauchen viel weniger, als wir denken. Die meisten Dinge, die wir besitzen, besitzen uns. Je mehr du hast, desto mehr musst du dich darum kümmern. Je mehr du willst, desto abhängiger bist du.

Er demonstrierte das, indem er mit einer Schüssel aus seinem Fass trank. Eines Tages sah er ein Kind, das mit den Händen aus einem Bach trank. Diogenes zerbrach seine Schüssel und sagte: „Ein Kind hat mich gerade in Einfachheit übertroffen."

SCHNELLWISSEN: Diogenes nannte sich selbst „Kyniker" – vom griechischen Wort für Hund. Er lebte wie ein Hund, sagte er. Ohne Scham, ohne gesellschaftliche Erwartungen, ohne Luxus. Nur das Nötigste. Und er war glücklicher als die meisten reichen Männer in Athen.

Seneca: Der reichste Stoiker, der je gelebt hat

Seneca war steinreich. Er war Berater des römischen Kaisers Nero. Er hatte alles – Geld, Macht, Einfluss. Und trotzdem schrieb er über die Kunst, mit wenig zufrieden zu sein.

Das klingt nach Heuchelei, oder? Reich sein und über Bescheidenheit predigen?

Aber Seneca hatte einen Punkt: Es geht nicht darum, arm zu sein. Es geht darum, nicht abhängig von Reichtum zu sein. Er praktizierte regelmäßig freiwillige Armut – ein paar Tage im Monat lebte er wie ein Bettler. Einfaches Essen, einfache Kleidung, kein Luxus.

Warum? Um seinem Gehirn zu zeigen: „Siehst du? Das ist nicht so schlimm. Wenn ich alles verliere, überlebe ich trotzdem."

Das ist die Kunst der negativen Visualisierung. Stell dir regelmäßig vor, du verlierst alles. Dein Job, dein Geld, deine Gesundheit. Nicht, um pessimistisch zu sein, sondern um zu erkennen: Du würdest überleben. Und plötzlich hast du viel weniger Angst.

Senecas berühmtester Satz: „Wir leiden mehr in unserer Vorstellung als in der Realität."

Die meisten Dinge, vor denen du Angst hast, werden nie passieren. Und selbst wenn sie passieren, sind sie meistens nicht so schlimm, wie du dachtest.

PROBIER'S AUS: Nimm dir einen Tag im Monat und lebe minimalistisch. Einfaches Essen (Brot, Wasser, Gemüse). Keine Extras. Keine Ablenkungen. Kein Luxus. Nur das Nötigste. Am Ende des Tages wirst du merken: Du brauchst viel weniger, als du denkst. Und alles, was du hast, fühlst sich plötzlich wie ein Geschenk an.

Nietzsche: Der Typ, der Gott getötet hat

Friedrich Nietzsche ist der Rockstar der Philosophie. Dramatisch, provokant, missverstanden.

Sein berühmtester Satz: „Gott ist tot."

Das war keine atheistische Freude. Das war eine Warnung. Nietzsche sagte: Die westliche Zivilisation hat ihre moralische Grundlage verloren. Religion war das Fundament, auf dem alles stand – Moral, Werte, Bedeutung. Und jetzt ist das Fundament weg.

Was machen wir jetzt?

Nietzsches Antwort: Wir erschaffen unsere eigenen Werte. Wir werden zu Übermenschen – nicht im Superman-Sinne, sondern im Sinne von Menschen, die ihre eigene Bedeutung schaffen, statt sie von außen zu übernehmen.

„Was mich nicht umbringt, macht mich stärker" – das kommt von Nietzsche. Nicht als motivierender Instagram-Spruch gemeint, sondern als philosophische Aussage: Leiden ist unvermeidlich. Die Frage ist, was du daraus machst.

Nietzsche glaubte an das Konzept des „amor fati" – Liebe zum Schicksal. Nicht nur das Gute akzeptieren, sondern ALLES lieben. Auch das Schmerzhafte, das Schwierige, das Unfaire. Weil es dich zu dem gemacht hat, was du bist.

AHA-MOMENT: Nietzsche stellte eine radikale Frage: „Würdest du dein Leben nochmal genau so leben wollen? Jede Freude, jeden Schmerz, jeden Moment? Unendlich oft?" Wenn deine Antwort Nein ist – dann lebst du das falsche Leben. Änder es.

Camus: Der Typ, der sagte, das Leben ist absurd – und das ist okay

Albert Camus war kein typischer Philosoph. Er war Journalist, Romanautor, Kettenraucher. Und er hatte eine ziemlich düstere Erkenntnis: Das Leben hat keine Bedeutung.

Wir werden in eine Welt geworfen, die sich nicht um uns schert. Wir suchen nach Sinn, aber das Universum gibt uns keine Antworten. Das ist das Absurde – der Konflikt zwischen unserem Bedürfnis nach Bedeutung und der Sinnlosigkeit der Existenz.

Klingt deprimierend? Camus sagte: Nein. Das ist befreiend.

Seine berühmte Analogie: Sisyphos. Der Typ aus der griechischen Mythologie, der einen Felsbrocken einen Berg hochrollen muss, nur damit er wieder runterrollt, und er muss von vorne anfangen. Für immer. Das ist die Definition von Sinnlosigkeit.

Aber Camus sagte: „Man muss sich Sisyphos als einen glücklichen Menschen vorstellen."

Warum? Weil er akzeptiert hat, dass seine Aufgabe sinnlos ist. Und in dieser Akzeptanz findet er Freiheit. Er ist nicht mehr auf der Suche nach Bedeutung von außen. Er erschafft seine eigene Bedeutung – im Akt des Rollens selbst.

Die Camus-Lektion: Das Leben hat keinen vorgegebenen Sinn. Das ist nicht tragisch. Das ist eine Einladung. Du darfst dir deinen eigenen Sinn aussuchen.

SCHNELLWISSEN: Camus schrieb: „Es gibt nur eine wirklich ernste philosophische Frage: Soll ich Selbstmord begehen?“ Seine Antwort: Nein. Gerade weil das Leben absurd ist, solltest du es leben. Trotz. Vielleicht sogar: mit Freude.

Konfuzius: Der Typ, der vor 2.500 Jahren schon wusste, wie man ein anständiger Mensch wird

Konfuzius war kein Mystiker. Kein Guru. Er war pragmatisch. Seine Frage: Wie schaffen wir eine funktionierende Gesellschaft?

Seine Antwort: Durch Tugend. Durch Anstand. Durch Respekt.

Konfuzius‘ zentrale Idee: Behandle andere, wie du selbst behandelt werden willst. (Ja, das haben später auch andere Religionen übernommen. Konfuzius war der Erste.)

Aber er ging weiter. Er sagte: Dein Verhalten formt deinen Charakter. Wenn du respektvoll handeln willst, musst du respektvolle Dinge tun – auch wenn du nicht danach zumute ist. Irgendwann wird es zur Gewohnheit. Und dann bist du ein respektvoller Mensch.

Das ist radikal. Konfuzius sagte nicht: „Sei authentisch.“ Er sagte: „Fake it till you make it.“

Willst du geduldig sein? Handle geduldig. Irgendwann wirst du geduldig sein. Willst du mutig sein? Handle mutig. Irgendwann wirst du mutig sein.

AHA-MOMENT: Du bist nicht, was du denkst. Du bist, was du tust. Deine Handlungen formen dich. Handle wie die Person, die du sein willst, und irgendwann bist du diese Person.

Marcus Aurelius: Der Kaiser, der lieber Philosoph gewesen wäre

Marcus Aurelius war römischer Kaiser. Einer der mächtigsten Männer der Welt. Er hätte in Luxus schwelgen können. Stattdessen schrieb er ein Tagebuch voller stoischer Weisheit.

Diese Notizen wurden später als „Selbstbetrachtungen" veröffentlicht. Sie waren nie für die Öffentlichkeit gedacht. Das waren seine privaten Gedanken – Erinnerungen an sich selbst, wie man ein guter Mensch bleibt, wenn die ganze Welt einen korrumpieren will.

Seine zentrale Botschaft: Du kontrollierst nicht, was passiert. Aber du kontrollierst, wie du darauf reagierst.

„Du hast Macht über deinen Geist, nicht über äußere Ereignisse. Erkenne das, und du wirst Stärke finden."

Marcus Aurelius wurde verraten, bekämpft, vergiftet (vermutlich). Er verlor Kinder. Er führte Kriege, die er nicht wollte. Und trotzdem blieb er ruhig, gerecht, besonnen.

Wie? Indem er sich jeden Morgen daran erinnerte: „Die Menschen, denen ich heute begegne, werden arrogant, undankbar, gewalttätig, betrügerisch, neidisch, unsozial sein. All das rührt von ihrer Unwissenheit her."

Klingt zynisch? Nein. Das ist Vorbereitung. Wenn du jeden Tag erwartest, dass Menschen dich enttäuschen werden, bist du nicht überrascht, wenn es passiert. Und dann kannst du mit Mitgefühl reagieren, nicht mit Wut.

PROBIER'S AUS: Schreib dir jeden Abend drei Dinge auf, für die du dankbar bist. Und eine Situation, in der du besser hättest reagieren können. Das war Marcus Aurelius' Methode. Täglich reflektieren. Täglich besser werden. Kleine Schritte. Großes Leben.

Sartre: Der Mann, der sagte, du bist verantwortlich – für alles

Jean-Paul Sartre, Existenzialist, Café-Philosoph, Mann mit beeindruckender Brille.

Seine Hauptthese: „Die Existenz geht der Essenz voraus."

Auf Deutsch: Du wirst nicht mit einem festen Wesen geboren. Du erschaffst dich selbst durch deine Entscheidungen. Es gibt keine vorgegebene Natur, kein Schicksal, keinen Plan.

Das ist radikal befreiend. Und radikal beängstigend.

Befreiend, weil es bedeutet: Du kannst dich jederzeit neu erfinden. Du bist nicht festgelegt. Du bist nicht „halt so". Du entscheidest.

Beängstigend, weil es bedeutet: Du trägst die volle Verantwortung. Du kannst nicht sagen „So bin ich halt" oder „Ich hatte keine Wahl". Sartre würde sagen: Bullshit. Du hattest immer eine Wahl.

Sogar wenn du sagst „Ich hatte keine Wahl", ist das eine Wahl – die Wahl, keine Verantwortung zu übernehmen.

Die Sartre-Lektion: Du bist frei. Erschreckend frei. Und diese Freiheit bedeutet: Du kannst dich nicht verstecken. Nicht hinter Ausreden, nicht hinter Umständen, nicht hinter deiner Vergangenheit. Du bist, was du tust. Jeden Tag.

SCHNELLWISSEN: Sartre sagte: „Der Mensch ist zur Freiheit verurteilt." Das klingt wie ein Widerspruch. Aber er meinte: Freiheit ist keine Option, die du wählen kannst. Du bist frei, ob du willst oder nicht. Und diese Freiheit ist eine Last, weil sie Verantwortung bedeutet.

Das große Bild

Philosophie ist keine akademische Spielerei. Es ist die Kunst, besser zu leben.

Sokrates lehrt dich, zu hinterfragen. Epiktet lehrt dich, loszulassen. Diogenes lehrt dich, weniger zu brauchen. Seneca lehrt dich, dich auf das Schlimmste vorzubereiten. Nietzsche lehrt dich, deine eigenen Werte zu schaffen. Camus lehrt dich, das Absurde zu umarmen. Konfuzius lehrt dich, durch Handeln zu werden. Marcus Aurelius lehrt dich, ruhig zu bleiben. Sartre lehrt dich, Verantwortung zu übernehmen.

Das sind keine widersprüchlichen Lehren. Das sind verschiedene Werkzeuge für verschiedene Situationen.

Manchmal brauchst du Sokrates, um Bullshit zu erkennen. Manchmal brauchst du Epiktet, um loszulassen, was du nicht ändern kannst. Manchmal brauchst du Diogenes, um zu erkennen, dass du genug hast. Manchmal brauchst du Sartre, um aufzuhören, dich zu verstecken.

Die großen Denker waren keine perfekten Menschen. Sokrates war nervig. Diogenes war eklig. Nietzsche wurde wahnsinnig. Sartre war ein ziemlicher Arsch zu Frauen.

Aber ihre Ideen? Die überdauern. Weil sie wahr sind. Nicht im absoluten Sinne – Philosophie hat selten absolute Antworten. Aber wahr genug, um dein Leben zu verbessern.

Du sitzt immer noch auf dem Klo? Gut. Dann hast du gerade mehr Philosophie gelernt als die meisten Menschen in ihrem ganzen Leben.

Die Frage ist jetzt: Was machst du damit?

Sokrates würde sagen: Fang an zu fragen. Epiktet würde sagen: Lass los, was du nicht kontrollieren kannst. Camus würde sagen: Leb trotzdem.

Ich sage: Spül ab und geh raus. Die Welt wartet nicht.

Aber vielleicht verstehst du sie jetzt ein bisschen besser.

7
Geld verstehen ohne Kopfschmerzen

Geld ist das Thema, über das niemand gerne spricht, aber alle ständig nachdenken. Es ist kompliziert, langweilig und irgendwie peinlich. Wer zu wenig hat, schämt sich. Wer viel hat, gibt es nicht zu. Und die meisten haben keine Ahnung, wie das Ganze eigentlich funktioniert.

Hier ist die gute Nachricht: Geld zu verstehen ist nicht schwer. Die Finanzindustrie will, dass du denkst, es wäre kompliziert. Weil kompliziert bedeutet, dass du Berater brauchst. Und Berater kosten Geld.

Die Wahrheit? Die wichtigsten Prinzipien passen auf eine Klorolle. Perfekt für dieses Buch.

Willkommen beim Finanz-Crashkurs für Menschen, die lieber leben als Excel-Tabellen studieren.

Die unbequeme Wahrheit: Du bist wahrscheinlich schlecht mit Geld

Fangen wir ehrlich an. Die meisten Menschen sind beschissen im Umgang mit Geld. Nicht weil sie dumm sind, sondern weil unser Gehirn für Geld nicht gemacht ist.

Vor 100.000 Jahren gab es kein Geld. Es gab Essen. Und Essen war entweder da oder nicht da. Wenn du einen Hasen gefangen hattest, hast du ihn gegessen. Sofort. Weil er sonst verfault wäre. “Für später aufheben“ war keine Option.

Heute ist das anders. Geld verdirbt nicht. Du kannst es sparen, investieren, vermehren. Aber dein Gehirn denkt immer noch wie vor 100.000 Jahren: „Ich habe es jetzt. Also gebe ich es jetzt aus.“

Deshalb kaufst du Schuhe, die du nicht brauchst. Deshalb bestellst du zum dritten Mal diese Woche Essen. Deshalb hast du ein Netflix-Abo, Disney+, Spotify Premium und drei Fitness-Apps, die du seit Monaten nicht geöffnet hast.

Dein Gehirn ist nicht für die moderne Finanzwelt gemacht. Aber wenn du das weißt, kannst du es austricksen.

Die goldene Regel: Gib weniger aus, als du verdienst

Klingt offensichtlich, oder? Ist es auch. Trotzdem scheitern die meisten Menschen daran.

Das durchschnittliche deutsche Haushalt gibt etwa 2.500 Euro pro Monat aus. Das durchschnittliche Nettoeinkommen liegt bei etwa 2.900 Euro. Macht 400 Euro Spielraum pro Monat.

Klingt nach viel? Ist es nicht. Eine kaputte Waschmaschine: 500 Euro. Eine Autoreparatur: 800 Euro. Eine Zahnbehandlung: 600 Euro. Und plötzlich bist du im Minus.

Die Regel ist simpel: Zahle dich selbst zuerst.

Wenn dein Gehalt kommt, nimm sofort 10 bis 20 Prozent und lege es weg. Automatisch. Per Dauerauftrag. Bevor du irgendwas anderes machst. Das ist nicht das Geld, das übrig bleibt. Das ist das Geld, das du nicht anfasst.

Mit dem Rest lebst du. Und wenn der Rest nicht reicht – dann musst du weniger ausgeben oder mehr verdienen. Aber die 10 bis 20 Prozent? Die sind heilig.

AHA-MOMENT: Warren Buffett, einer der reichsten Menschen der Welt, sagt: „Spare nicht, was nach den Ausgaben übrig bleibt. Gib aus, was nach dem Sparen übrig bleibt.“ Das ist der Unterschied zwischen arm und reich. Nicht das Einkommen. Die Reihenfolge.

Der Latte-Faktor (oder: Warum kleine Beträge dich arm machen)

Ein Kaffee bei Starbucks kostet etwa 4 Euro. Einmal am Tag, fünf Tage die Woche. Sind 20 Euro pro Woche. 80 Euro pro Monat. 960 Euro pro Jahr.

Für Kaffee.

Das ist der Latte-Faktor. Kleine Ausgaben, die du nicht bemerkst, die sich aber zu riesigen Summen addieren.

Ein Netflix-Abo: 13 Euro. Spotify: 11 Euro. Amazon Prime: 9 Euro. Disney+: 9 Euro. Fitness-App: 10 Euro. Das sind schon 52 Euro im Monat. 624 Euro im Jahr. Für Abos, von denen du die Hälfte vergessen hast.

Jetzt kommt der Teil, der wehtut: Rechne das über 30 Jahre mit durchschnittlich 7 Prozent Rendite (historischer Durchschnitt am Aktienmarkt). Diese 624 Euro pro Jahr würden zu etwa 59.000 Euro werden.

Du tauschst 59.000 Euro in 30 Jahren gegen Netflix und Spotify heute. Guter Deal?

PROBIER‘S AUS: Mach eine Liste von allen wiederkehrenden Kosten. Alle Abos, alle monatlichen Zahlungen, alles. Dann frag dich bei jedem einzelnen: Nutze ich das wirklich? Oder zahle ich aus Gewohnheit? Wenn du drei Abos kündigst, die du nicht nutzt, sparst du vielleicht 30 Euro im Monat. 360 Euro im Jahr. Über 30 Jahre? 34.000 Euro. Für Dinge, die du sowieso nicht nutzt.

Schulden sind der Feind

Es gibt gute Schulden und schlechte Schulden. Das Problem: Die meisten Menschen haben nur schlechte Schulden.

Gute Schulden sind Schulden, die Vermögen aufbauen. Ein Kredit für eine Immobilie, die an Wert gewinnt. Ein Studienkredit, der dein Einkommen erhöht. Ein Geschäftskredit, der Gewinn abwirft.

Schlechte Schulden sind Schulden für Konsum. Für Dinge, die an Wert verlieren, sobald du sie kaufst. Ein Auto auf Kredit. Ein Fernseher auf Raten. Klamotten mit der Kreditkarte bezahlt.

Hier ist die Mathematik, die dir wehtun wird: Kreditkarten haben oft Zinsen zwischen 12 und 18 Prozent pro Jahr. Wenn du 1.000 Euro auf der Kreditkarte hast und jeden Monat nur das Minimum zurückzahlst, zahlst du über Jahre. Und die Bank verdient Hunderte Euro an Zinsen. An dir.

Die Regel: Zahle Kreditkartenschulden sofort ab. Komplett. Jeder Euro, den du auf der Kreditkarte lässt, kostet dich mehr, als du mit jedem Investment verdienen kannst.

SCHNELLWISSEN: Wenn du 5.000 Euro Kreditkartenschulden bei 15 Prozent Zinsen hast und jeden Monat 100 Euro zurückzahlst, brauchst du 79 Monate – über 6 Jahre – um die Schuld zu tilgen. Und du zahlst insgesamt 7.900 Euro zurück. Das sind 2.900 Euro Zinsen. Für nichts. Die Bank hat gerade fast 3.000 Euro an deiner Faulheit verdient.

Zinseszins: Die mächtigste Kraft im Universum

Albert Einstein soll gesagt haben: „Der Zinseszins ist die mächtigste Kraft im Universum." Hat er wahrscheinlich nie gesagt, aber die Aussage stimmt trotzdem.

Zinseszins bedeutet: Du verdienst Zinsen auf deine Zinsen. Klingt langweilig, ist aber Magie.

Beispiel: Du legst heute 10.000 Euro an. Mit 7 Prozent Rendite pro Jahr (historischer Durchschnitt am Aktienmarkt).

Nach 10 Jahren: 19.672 Euro Nach 20 Jahren: 38.697 Euro Nach 30 Jahren: 76.123 Euro Nach 40 Jahren: 149.745 Euro

Du hast 10.000 Euro investiert. Nach 40 Jahren hast du fast 150.000 Euro. Das ist keine Magie. Das ist Mathematik.

Aber hier wird's noch besser: Wenn du zusätzlich jeden Monat 100 Euro investierst, auch mit 7 Prozent Rendite:

Nach 10 Jahren: 37.580 Euro Nach 20 Jahren: 105.089 Euro Nach 30 Jahren: 244.692 Euro Nach 40 Jahren: 528.131 Euro

Du hast insgesamt 58.000 Euro eingezahlt (10.000 am Anfang + 100 Euro pro Monat für 40 Jahre). Raus kommen über 500.000 Euro.

Das ist die Macht des Zinseszinses. Und das ist der Grund, warum früh anfangen so wichtig ist.

AHA-MOMENT: Je früher du anfängst, desto weniger musst du investieren. Wenn du mit 25 anfängst, jeden Monat 200 Euro zu investieren, hast du mit 65 etwa 525.000 Euro. Wenn du mit 35 anfängst, musst du 470 Euro pro Monat investieren, um dasselbe Ergebnis zu erreichen. Zehn Jahre warten bedeutet: Du musst mehr als doppelt so viel investieren. Zeit ist wertvoller als Geld.

Die Börse ist nicht das Casino

Viele Menschen denken, die Börse ist Glücksspiel. Ist sie nicht. Glücksspiel ist, wenn das Haus immer gewinnt. Die Börse ist, wenn langfristig die Investoren gewinnen.

Hier die Fakten: Der durchschnittliche jährliche Gewinn des weltweiten Aktienmarktes über die letzten 100 Jahre liegt bei etwa 7 bis 9 Prozent. Nach Inflation etwa 5 bis 7 Prozent.

Ja, es gibt Crashs. 2008 hat der Markt etwa 50 Prozent verloren. 2020 ist er innerhalb von Wochen um 30 Prozent gefallen. Aber jedes Mal hat er sich erholt. Und ist danach höher gestiegen als je zuvor.

Menschen, die während des Crashs verkauft haben, haben verloren. Menschen, die durchgehalten haben – oder sogar nachgekauft haben – haben gewonnen.

Die Regel: Investiere nur Geld, das du in den nächsten 10 Jahren nicht brauchst. Kurzfristig ist die Börse volatil. Langfristig ist sie die beste Möglichkeit, Vermögen aufzubauen.

SCHNELLWISSEN: Wenn du 1980 10.000 Dollar in den S&P 500 (die 500 größten US-Unternehmen) investiert hättest, hättest du heute etwa 1,5 Millionen Dollar. Trotz aller Crashs, aller Krisen, aller Panik. Einfach kaufen und halten. Nichts anderes.

ETFs: Die einfachste Art zu investieren

Du musst kein Börsen-Genie sein. Du musst keine einzelnen Aktien auswählen. Du musst nicht den Markt timen.

ETFs – Exchange Traded Funds – sind die Lösung für normale Menschen.

Ein ETF ist ein Korb voller Aktien. Du kaufst einen ETF, und damit kaufst du gleichzeitig Hunderte oder Tausende von Unternehmen. Wenn ein Unternehmen pleitegeht, merkst du es kaum. Wenn eines durch die Decke geht, profitierst du.

Der bekannteste ETF ist der MSCI World. Der enthält etwa 1.500 Unternehmen aus 23 Ländern. Apple, Microsoft, Amazon, Nestlé, Toyota – alles drin. Du kaufst einmal, und du besitzt ein Stück der Weltwirtschaft.

Die Kosten? Etwa 0,2 Prozent pro Jahr. Das ist fast nichts. Zum Vergleich: Ein aktiv gemanagter Fonds kostet oft 1,5 bis 2 Prozent pro Jahr. Und die meisten aktiv gemanagten Fonds schlagen den Markt nicht mal.

Die Strategie: Kaufe jeden Monat einen ETF. Egal ob der Markt hoch oder runter ist. Einfach stur durchziehen. Das nennt sich Cost-Average-Effekt. Manchmal kaufst du teurer, manchmal billiger. Langfristig gleicht sich das aus.

PROBIER'S AUS: Eröffne ein Depot bei einem Online-Broker (Trade Republic, Scalable Capital, ING – such dir einen aus). Richte einen Sparplan auf einen MSCI World ETF ein. 50 Euro im Monat, wenn mehr nicht geht. 100 Euro, wenn es passt. 200 Euro, wenn du ernst machst. Automatisch. Und dann: Vergiss es. Schau nicht jeden Tag drauf. Lass es laufen. In 20 Jahren wirst du dich dafür lieben.

Die Notfall-Reserve: Dein finanzielles Sicherheitsnetz

Bevor du investierst, brauchst du eine Notfall-Reserve. Das ist Geld, das auf einem langweiligen Sparkonto liegt und nichts tut. Außer dich zu retten, wenn die Scheiße den Ventilator trifft.

Wie viel? Drei bis sechs Monate deiner Lebenshaltungskosten. Wenn du 2.000 Euro im Monat brauchst, solltest du 6.000 bis 12.000 Euro als Puffer haben.

Warum? Weil das Leben passiert. Die Waschmaschine geht kaputt. Das Auto stirbt. Du wirst krank. Du verlierst deinen Job. Und wenn das passiert, willst du nicht deine Investitionen verkaufen müssen – vielleicht genau dann, wenn der Markt unten ist.

Die Notfall-Reserve gibt dir Ruhe. Du kannst schlafen. Du kannst Risiken eingehen. Du kannst investieren, ohne Angst zu haben, dass du das Geld nächsten Monat brauchst.

Die Regel: Erst die Notfall-Reserve aufbauen. Dann investieren. Nicht andersherum.

Inflation: Der stille Dieb

Hier ist etwas, das dir niemand sagt: Wenn dein Geld auf dem Sparkonto liegt, verliert es an Wert. Jeden Tag. Ein bisschen. Unsichtbar.

Das nennt sich Inflation. Die Preise steigen. Dein Geld bleibt gleich. Ergebnis: Du kannst dir weniger kaufen.

In den letzten 20 Jahren lag die Inflation in Deutschland bei durchschnittlich etwa 2 Prozent pro Jahr. Klingt nicht viel, oder?

Hier die Rechnung: 10.000 Euro heute sind in 20 Jahren bei 2 Prozent Inflation nur noch etwa 6.700 Euro wert. Du hast 3.300 Euro Kaufkraft verloren. Einfach durchs Nichtstun.

Sparkonto-Zinsen? Aktuell etwa 0,5 bis 1 Prozent. Das heißt, du verlierst immer noch Geld. Langsam. Sicher. Schmerzhaft.

Die Lösung: Investieren. Aktien, ETFs, Immobilien – irgendetwas, das schneller wächst als die Inflation. Sonst wirst du ärmer, während du glaubst, du würdest sparen.

SCHNELLWISSEN: Die 72er-Regel: Um herauszufinden, wie lange es dauert, bis sich dein Geld verdoppelt, teile 72 durch die jährliche Rendite. Bei 7 Prozent Rendite dauert es etwa 10 Jahre ($72 \div 7 \approx 10$). Bei 2 Prozent Inflation halbiert sich die Kaufkraft deines Geldes in 36 Jahren ($72 \div 2 = 36$). Mathe ist brutal ehrlich.

Versicherungen: Nur die wichtigen

Versicherungen sind wie Kondome. Du hoffst, dass du sie nicht brauchst, aber wenn du sie brauchst, bist du verdammt froh, dass du sie hast.

Aber genau wie bei Kondomen brauchst du nicht 47 verschiedene Sorten. Du brauchst die wichtigen.

Versicherungen, die du brauchst:

- Krankenversicherung (in Deutschland sowieso Pflicht)
- Haftpflichtversicherung (kostet etwa 50 Euro im Jahr, rettet dich vor dem Ruin)
- Berufsunfähigkeitsversicherung (wenn du nicht mehr arbeiten kannst, brauchst du Geld)

Versicherungen, die optional sind, aber Sinn machen können:

- Hausratversicherung (wenn deine Wohnung abbrennt)
- Rechtsschutzversicherung (wenn du vor Gericht musst)

Versicherungen, die du wahrscheinlich nicht brauchst:

- Handy-Versicherung (kostet fast so viel wie ein neues Handy)
- Reisegepäck-Versicherung (wird kaum gezahlt, lohnt nicht)
- Glasbruch-Versicherung (seriously?)
- Sterbegeldversicherung (wenn du stirbst, ist das Geld dein kleinstes Problem)

Die Regel: Versichere nur das, was dich finanziell ruinieren würde. Alles andere ist überflüssig.

Die größten Finanz-Fehler (und wie du sie vermeidest)

Fehler Nummer 1: Zu spät anfangen. Jedes Jahr, das du wartest, kostet dich Zehntausende Euro. Fang heute an. Nicht morgen. Heute.

Fehler Nummer 2: Timing versuchen. „Ich warte, bis der Markt runter ist." Niemand kann den Markt timen. Nicht mal Profis. Kauf einfach regelmäßig. Fertig.

Fehler Nummer 3: Emotionale Entscheidungen. Markt fällt, du verkaufst in Panik. Markt steigt, du kaufst in Euphorie. Beides falsch. Emotionen sind der Feind des Investors.

Fehler Nummer 4: Zu hohe Kosten. Jedes Prozent, das du an Gebühren zahlst, fehlt in deinem Vermögen. ETFs sind günstig. Aktive Fonds sind teuer. Nimm die günstigen.

Fehler Nummer 5: Sich mit anderen vergleichen. Dein Nachbar hat ein neues Auto? Egal. Deine Kollegin fährt in teuren Urlaub? Egal. Du weißt nicht, wie viele Schulden sie haben. Lauf dein eigenes Rennen.

Das große Bild

Geld ist nicht kompliziert. Die Finanzindustrie will, dass du das glaubst, aber es ist eine Lüge.

Die Grundregeln sind simpel:

- Gib weniger aus, als du verdienst
- Zahle dich selbst zuerst
- Investiere langfristig in ETFs
- Halte deine Kosten niedrig
- Fang früh an
- Bleib dran

Das war's. Keine Geheimnisse. Keine Tricks. Keine komplizierten Strategien.

Warren Buffett, der erfolgreichste Investor aller Zeiten, hat in seinem Testament festgelegt, dass sein Vermögen nach seinem Tod zu 90 Prozent in einen simplen S&P-500-ETF investiert werden soll. Nicht in Hedgefonds. Nicht in komplizierte Strategien. In einen stinknormalen ETF.

Wenn das für den reichsten Investor der Welt gut genug ist, ist es für dich auch gut genug.

Du sitzt immer noch auf dem Klo? Dann hast du gerade mehr über Geld gelernt als 90 Prozent der Bevölkerung. Die Frage ist: Machst du was draus?

Oder scrollst du weiter durch Instagram und kaufst Sachen, die du nicht brauchst, mit Geld, das du nicht hast, um Leute zu beeindrucken, die dir egal sein sollten?

Deine Entscheidung.

Deine Zukunft.

Dein Geld.

8
Rhetorische Zaubertricks

Reden ist nicht dasselbe wie überzeugen. Die meisten Menschen reden viel und sagen wenig. Sie argumentieren laut, aber nicht gut. Sie gewinnen Lautstärke, aber verlieren das Publikum.

Rhetorik ist die Kunst, Menschen zu überzeugen, ohne sie zu überrollen. Es ist nicht Manipulation. Es ist Kommunikation mit System. Und jeder kann es lernen.

Die alten Griechen haben das vor 2.500 Jahren verstanden. Aristoteles, Cicero, Quintilian – die haben Regeln aufgestellt, die heute noch funktionieren. Weil Menschen sich nicht verändert haben. Unser Gehirn reagiert immer noch auf dieselben Trigger.

Willkommen in der Kunst der Überzeugung. Nach diesem Kapitel wirst du jedes Streitgespräch anders führen. Nicht lauter. Besser.

Schritt 1: Ethos – Sei glaubwürdig, bevor du redest

Niemand hört auf jemanden, dem sie nicht vertrauen. Egal wie gut deine Argumente sind, egal wie recht du hast – wenn die Leute denken, du bist unglaubwürdig, hören sie nicht zu.

Ethos ist deine Glaubwürdigkeit. Dein Ruf. Dein Standing. Bevor du auch nur ein Wort sagst, haben Menschen bereits entschieden, ob sie dir glauben wollen.

Wie baust du Ethos auf?

Zeige Kompetenz. Du musst wissen, wovon du redest. Nicht alles, aber genug. Wenn du über ein Thema sprichst und offensichtlich keine Ahnung hast, ist dein Ethos zerstört. Für immer.

Zeige Charakter. Menschen müssen glauben, dass du ehrlich bist. Dass du nicht lügst, um zu gewinnen. Dass du fair bist. Ein einziges erwischtes Lüge, und dein Ethos ist im Arsch.

Zeige Wohlwollen. Menschen müssen spüren, dass du ihr Bestes im Sinn hast. Nicht nur dein eigenes. Wenn sie denken, du willst nur gewinnen, schalten sie ab.

Das ist der Grund, warum Ärzte oft überzeugender sind als Verkäufer. Der Arzt hat studiert (Kompetenz), schwört einen Eid (Charakter) und will dich heilen (Wohlwollen). Der Verkäufer will nur dein Geld.

AHA-MOMENT: Bevor du in eine wichtige Diskussion gehst – Meeting, Verhandlung, Streit mit dem Partner – frage dich: Warum sollte die andere Person mir glauben? Habe ich Kompetenz gezeigt? Vertrauen aufgebaut? Ihr Interesse im Blick? Wenn nicht, fang da an. Nicht bei den Argumenten.

Schritt 2: Pathos – Sprich zur Emotion, nicht nur zur Logik

Menschen sind keine Computer. Wir treffen Entscheidungen nicht basierend auf Daten und Fakten. Wir treffen sie basierend auf Gefühlen und rechtfertigen sie dann mit Logik.

Pathos ist die emotionale Dimension deiner Argumentation. Es geht darum, Menschen zu berühren. Sie zu bewegen. Nicht nur ihren Verstand zu überzeugen, sondern ihr Herz.

Stell dir vor, du willst jemanden überzeugen, mehr für den Klimaschutz zu tun.

Schlechtes Argument (nur Logos, nur Logik): „Der CO2-Ausstoß ist um 2,3 Prozent gestiegen. Studien zeigen, dass bei einem Anstieg um weitere 1,5 Grad die Eiskappen schmelzen werden. Die wirtschaftlichen Kosten werden 14 Billionen Dollar betragen."

Korrekt. Langweilig. Bewegt niemanden.

Gutes Argument (Pathos + Logos): „Stell dir vor, deine Enkelin fragt dich in 30 Jahren: ‚Opa, warum habt ihr nichts getan?' Was antwortest du ihr?

Dass die Zahlen zu kompliziert waren? Dass es zu unbequem war? Sie wird in einer Welt leben, die wir zerstört haben. Das ist unser Vermächtnis."

Siehst du den Unterschied? Die Zahlen sind immer noch da, aber jetzt gibt es ein Gesicht. Eine Person. Eine Zukunft. Emotion.

Die drei stärksten Emotionen in der Rhetorik:

Angst: Menschen reagieren stark auf Bedrohungen. „Wenn wir nichts tun, verlieren wir alles." Funktioniert. Aber Vorsicht: Zu viel Angst lähmt. Menschen schalten ab, wenn die Bedrohung zu groß erscheint.

Hoffnung: Menschen wollen glauben, dass es besser wird. „Wir können das schaffen. Gemeinsam." Das ist der Grund, warum Obama mit „Yes, we can" gewonnen hat. Nicht mit Statistiken.

Wut: Menschen handeln, wenn sie wütend sind. „Das ist ungerecht. Das können wir nicht akzeptieren." Aber auch hier: Vorsicht. Wut kann sich gegen dich richten.

PROBIER'S AUS: Das nächste Mal, wenn du jemanden überzeugen willst, fang nicht mit Fakten an. Fang mit einer Geschichte an. Einer echten Person. Einem konkreten Beispiel. Lass die andere Person fühlen, worum es geht. Dann komm mit den Fakten. In dieser Reihenfolge.

Schritt 3: Logos – Baue eine logische Kette, die nicht zu brechen ist

Jetzt kommen die Argumente. Die Logik. Das Fundament, auf dem alles steht.

Logos ist die rationale Struktur deiner Argumentation. Es geht darum, eine Kette von Schlussfolgerungen zu bauen, der die andere Person folgen kann.

Die Grundstruktur:

1. Prämisse (Ausgangspunkt)
2. Beweis (Fakten, Daten, Beispiele)
3. Schlussfolgerung (was daraus folgt)

Beispiel:

- Prämisse: „Rauchen erhöht das Krebsrisiko."
- Beweis: „Studien zeigen, dass Raucher ein 15-mal höheres Lungenkrebsrisiko haben."
- Schlussfolgerung: „Wenn du dein Krebsrisiko senken willst, solltest du nicht rauchen."

Einfach. Klar. Logisch.

Das Problem: Die meisten Menschen bauen keine klaren Ketten. Sie springen von Punkt zu Punkt. Sie lassen Lücken. Und in diesen Lücken sterben ihre Argumente.

Die häufigsten logischen Fehler:

Strohmann-Argument: Du verzerrst die Position des Gegners, um sie leichter anzugreifen. „Du willst also, dass wir alle verhungern?" – Nein, hat niemand gesagt. Du kämpfst gegen einen Strohmann, nicht gegen das echte Argument.

Ad Hominem: Du greifst die Person an, nicht das Argument. „Du bist zu jung, um das zu verstehen" oder „Du bist ja selbst nicht perfekt". Das ist kein Argument. Das ist Ablenkung.

Falsche Dichotomie: „Entweder du bist für uns oder gegen uns." Das ist Bullshit. Die Welt ist nicht schwarz-weiß. Es gibt fast immer mehr als zwei Optionen.

Schiefer Abhang: „Wenn wir das erlauben, dann kommt als Nächstes das, und dann das, und plötzlich leben wir in einer Diktatur!" Vielleicht. Aber du musst zeigen, warum ein Schritt zwangsläufig zum nächsten führt. Sonst ist es nur Panikmache.

SCHNELLWISSEN: Wenn jemand in einer Diskussion einen dieser Fehler macht, benenne ihn. Ruhig. Sachlich. „Das ist ein Ad-Hominem-Angriff. Lass uns beim Thema bleiben." Plötzlich hast du die Kontrolle. Weil du die Regeln kennst.

Schritt 4: Die Kunst der Struktur – Sag ihnen, was du sagen wirst, dann sag es, dann sag ihnen, was du gesagt hast

Menschen vergessen 90 Prozent von dem, was du sagst. Innerhalb von 24 Stunden. Das ist nicht ihre Schuld. Das ist, wie unser Gehirn funktioniert.

Deshalb brauchst du Struktur. Wiederholung. Klarheit.

Die klassische rhetorische Struktur hat fünf Teile:

1. Exordium (Einleitung): Fang ihre Aufmerksamkeit ein. Eine überraschende Frage. Eine provokante Aussage. Eine Geschichte. Du hast etwa 30 Sekunden, bevor Menschen entscheiden, ob sie zuhören oder nicht.

Schlecht: „Heute möchte ich über die Bedeutung von Nachhaltigkeit sprechen." Gut: „In 10 Jahren wird es mehr Plastik als Fische im Meer geben. Lass das mal wirken."

2. Narratio (Darstellung): Erkläre die Situation. Was ist der Kontext? Warum reden wir darüber? Was ist das Problem?

„Wir produzieren jede Minute eine Müllwagenladung Plastik, die ins Meer geworfen wird. Das tötet Tiere, vergiftet Nahrungsketten und landet in unserem Körper."

3. Argumentatio (Argumentation): Hier kommen deine Argumente. Nicht alle auf einmal. Drei bis fünf starke Argumente. Mehr kann sich niemand merken.

„Erstens: Mikroplastik ist in unserem Blut nachweisbar. Zweitens: Plastik braucht 400 Jahre, um zu zerfallen. Drittens: Alternativen existieren und sind bezahlbar."

4. Refutatio (Widerlegung): Antizipiere Gegenargumente und zerstöre sie, bevor sie kommen. Das zeigt, dass du die andere Seite verstehst. Und dass deine Position trotzdem standhält.

„Manche sagen, Plastik-Alternativen sind zu teuer. Aber die Kosten von Plastik – Umweltverschmutzung, Gesundheitsschäden, Aufräumkosten – sind viel höher. Wir zahlen so oder so. Die Frage ist nur, wann.“

5. Peroratio (Schluss): Fasse zusammen. Wiederhole deine Hauptpunkte. Und ende mit einem Call to Action. Was sollen die Menschen jetzt tun?

„Mikroplastik ist in uns. Plastik zerstört Ökosysteme. Alternativen existieren. Die Entscheidung liegt bei uns. Ab morgen: keine Einweg-Plastikflaschen mehr. Wer macht mit?“

AHA-MOMENT: Die Struktur ist nicht optional. Sie ist das Gerüst, das deine Argumente trägt. Ohne Struktur ist das beste Argument nur Lärm. Mit Struktur wird mittelmäßiges Argument überzeugend.

Schritt 5: Die rhetorischen Werkzeuge – Kleine Tricks, große Wirkung

Jetzt wird‘s praktisch. Das sind die Techniken, die Profis nutzen. Die Dinge, die du in jeder guten Rede, jedem starken Argument, jeder überzeugenden Diskussion findest.

Die Regel der Drei

Menschen lieben Dreiergruppen. Unser Gehirn findet sie befriedigend. Vollständig. Überzeugend.

„Leben, Freiheit und das Streben nach Glück.“ „Ich kam, ich sah, ich siegte.“ „Blut, Schweiß und Tränen.“

Drei Argumente sind überzeugender als zwei. Vier sind zu viele. Drei ist perfekt.

Die rhetorische Frage

Stelle eine Frage, die die Antwort bereits enthält. Das zwingt das Gehirn der anderen Person, aktiv zu werden.

„Wollen wir wirklich in einer Welt leben, wo Kinder verhungern, während wir Essen wegwerfen?“ „Ist das die Zukunft, die wir uns vorstellen?“ „Können wir es uns leisten, nichts zu tun?“

Die Antwort ist offensichtlich. Aber dadurch, dass die andere Person sie selbst denkt, fühlt es sich an wie ihre eigene Erkenntnis. Nicht deine.

Die Analogie

Vergleiche das Unbekannte mit dem Bekannten. Das macht komplexe Dinge verständlich.

„Die Wirtschaft ist wie ein Garten. Wenn du nur erntest und nie pflanzt, ist irgendwann nichts mehr da.“ „Daten sind das neue Öl. Wertvoll, aber gefährlich, wenn sie in die falschen Hände geraten.“

Analogien sind mächtig. Aber sie müssen passen. Eine schlechte Analogie zerstört dein Argument schneller, als du „Metapher“ sagen kannst.

Die Wiederholung

Wenn etwas wichtig ist, sag es. Dann sag es nochmal. Dann sag es wieder.

Martin Luther King: “I have a dream. I have a dream. I have a dream.” Winston Churchill: “We shall fight on the beaches, we shall fight on the landing grounds, we shall fight in the fields...”

Wiederholung hämmert die Botschaft ins Gehirn. Einmal reicht nicht. Dreimal reicht auch nicht. Aber es ist ein guter Start.

Das Schweigen

Hier ist ein Geheimnis: Pausen sind mächtiger als Worte.

Sag etwas Wichtiges. Dann: Pause. Drei Sekunden. Fünf Sekunden. Lass es wirken. Lass die andere Person nachdenken. Füll die Stille nicht sofort.

Die meisten Menschen haben Angst vor Stille. Sie reden weiter, verwässern ihre Botschaft, schwächen ihr Argument. Die Besten? Die halten die Klappe. Nach dem wichtigsten Punkt. Schweigen. Und plötzlich hören alle zu.

PROBIER'S AUS: Das nächste Mal, wenn du etwas Wichtiges sagst – eine Bitte, ein Argument, eine Entscheidung – mach danach eine Pause. Sag nichts. Zähl innerlich bis fünf. Es wird unangenehm. Halt durch. Die andere Person wird die Stille füllen. Und meistens wird sie dabei nachgeben.

Die Gegenargument-Technik: Stahlmann statt Strohmann

Hier ist der Move, der dich von Amateur zum Profi macht: Statt das Argument der Gegenseite zu schwächen (Strohmann), stärke es. Mach es so stark wie möglich. Und widerlege es trotzdem.

Das nennt sich „Steelmanning" – das Gegenteil von Strawmanning.

Beispiel: Schwach (Strohmann): „Die Leute, die gegen Mindestlohn sind, hassen einfach arme Menschen." Stark (Stahlmann): „Die stärksten Argumente gegen Mindestlohn sind ökonomisch fundiert: Höhere Lohnkosten könnten zu Entlassungen führen, kleine Unternehmen könnten schließen, Preise könnten steigen. Das sind berechtigte Sorgen. Aber Studien aus Ländern mit Mindestlohn zeigen: Diese Effekte sind minimal, während die positiven Effekte – weniger Armut, mehr Kaufkraft, stabilere Wirtschaft – deutlich überwiegen."

Siehst du, was passiert ist? Du hast die Gegenseite respektiert. Ihre Argumente ernst genommen. Und dann trotzdem gewonnen. Das ist mächtig. Weil Menschen spüren: Du bist fair. Du verstehst beide Seiten. Und du hast trotzdem recht.

SCHNELLWISSEN: In Debatten gewinnt nicht, wer am lautesten schreit. Es gewinnt, wer am fairsten wirkt. Menschen entscheiden nicht basierend auf Argumenten, sondern basierend auf Vertrauen. Wenn du die Gegenseite respektierst, vertrauen sie dir. Und dann hören sie zu.

Die Macht der Geschichten

Fakten überzeugen den Verstand. Geschichten überzeugen den Menschen.

Stell dir vor, du willst Geld für eine Hilfsorganisation sammeln.

Version 1 (Fakten): „800 Millionen Menschen weltweit leiden unter Hunger. Mit 50 Euro können wir eine Familie einen Monat lang ernähren."

Okay. Vielleicht spende ich. Vielleicht nicht.

Version 2 (Geschichte): „Das ist Amina. Sie ist sieben Jahre alt und läuft jeden Tag drei Stunden, um Wasser zu holen. Dreckiges Wasser, das sie krank macht. Mit 50 Euro können wir einen Brunnen in ihrem Dorf bauen. Dann muss Amina nicht mehr laufen. Dann kann sie zur Schule gehen. Dann hat sie eine Zukunft."

Wen würdest du eher unterstützen? Die 800 Millionen? Oder Amina?

Das ist die Macht der Geschichte. Eine Person. Ein Gesicht. Ein Name. Plötzlich ist es real.

AHA-MOMENT: Studien zeigen: Menschen spenden eher für eine einzelne Person mit Gesicht und Geschichte als für Millionen anonymer Menschen. Unser Gehirn ist nicht für große Zahlen gemacht. Es ist für Individuen gemacht. Nutze das.

Die Vermeidung von Totschlag-Phrasen

Manche Sätze töten jede Diskussion. Vermeide sie. Immer.

„Das haben wir schon immer so gemacht." – Die dümmste Rechtfertigung aller Zeiten.

„Das ist halt meine Meinung." – Meinungen sind nicht alle gleich viel wert. Manche sind falsch.

„Darüber kann man nicht diskutieren." – Doch, kann man. Das ist buchstäblich, was wir gerade tun.

„Das ist zu kompliziert zum Erklären." – Wenn du es nicht erklären kannst, verstehst du es nicht.

"Agree to disagree." – Die höfliche Art zu sagen: „Ich habe keine Argumente mehr."

Diese Phrasen sind Kapitulation. Sie sagen: „Ich habe verloren, aber ich gebe es nicht zu."

Das große Bild: Die fünf Schritte zusammen

Wenn du alle fünf Schritte kombinierst, bist du praktisch unschlagbar.

Schritt 1 (Ethos): Zeige, dass du glaubwürdig bist. Kompetenz, Charakter, Wohlwollen.

Schritt 2 (Pathos): Berühre Emotionen. Erzähle Geschichten. Lass Menschen fühlen.

Schritt 3 (Logos): Baue eine wasserdichte logische Kette. Prämisse, Beweis, Schlussfolgerung.

Schritt 4 (Struktur): Organisiere deine Rede. Einleitung, Darstellung, Argumentation, Widerlegung, Schluss.

Schritt 5 (Werkzeuge): Nutze rhetorische Techniken. Dreierregel, Wiederholung, Pausen, Analogien.

Das ist nicht Manipulation. Das ist Handwerk. Die alten Griechen haben das vor Jahrtausenden verstanden. Jeder Anwalt kennt das. Jeder Politiker nutzt es. Jeder gute Verkäufer lebt davon.

Und jetzt kennst du es auch.

PROBIER'S AUS: Beim nächsten wichtigen Gespräch – Gehaltsverhandlung, Familienstreit, Meeting – bereite dich vor. Schreib die fünf Schritte auf. Was ist dein Ethos? Welche Emotion willst du ansprechen? Was ist deine logische Kette? Wie strukturierst du das Gespräch? Welche rhetorischen Werkzeuge nutzt du?

Klingt nach viel Arbeit? Ist es auch. Aber die Alternative ist: Reingehen, rumstammeln, verlieren, frustriert sein.

Vorbereitung schlägt Talent. Struktur schlägt Lautstärke. Rhetorik schlägt Emotion.

Jedes. Verdammte. Mal.

Du sitzt immer noch auf dem Klo? Perfekt. Dann hast du gerade gelernt, wie man fast jedes Argument gewinnt.

Die Frage ist: Was machst du damit?

Überzeugst du Menschen? Oder überrollst du sie?

Baust du Brücken? Oder brennst du sie nieder?

Rhetorik ist ein Werkzeug. Wie jedes Werkzeug kann man es zum Bauen oder zum Zerstören nutzen.

Nutze es weise.

Die Welt hat genug Lautsprecher.

Was sie braucht, sind Menschen, die überzeugen können.

Jetzt bist du einer von ihnen.

9
Geschichte kompakt

Geschichte ist nicht das, was du in der Schule gelernt hast. Jahreszahlen auswendig lernen, Schlachten memorieren, tote weiße Männer vergöttern. Das ist langweilig. Und meistens irrelevant.

Echte Geschichte sind die Momente, wo sich alles ändert. Wo die Menschheit eine Kurve nimmt und danach nichts mehr so ist wie vorher. Diese Momente verstehen bedeutet: Du verstehst, warum die Welt heute so ist, wie sie ist.

Und hier ist das Geile: Die meisten dieser Wendepunkte waren Zufälle. Glück. Dummheit. Oder eine Mischung aus allem. Die Geschichte der Menschheit ist keine große Erzählung. Sie ist eine Serie von „Ups, das ist passiert“ und „Oh Scheiße, was machen wir jetzt?“

Willkommen bei den größten Game-Changern der Menschheitsgeschichte. Kompakt. Ohne Bullshit. Nur die Momente, die zählen.

Die landwirtschaftliche Revolution: Als wir aufhörten zu wandern (ca. 10.000 v. Chr.)

Menschen waren 300.000 Jahre lang Jäger und Sammler. Wir zogen herum, jagten Tiere, sammelten Beeren, lebten in kleinen Gruppen von 20 bis 50 Leuten. Kein Besitz. Keine festen Häuser. Keine Zivilisation.

Dann, vor etwa 12.000 Jahren, machte jemand im Fruchtbaren Halbmond (heute Irak, Syrien, Türkei) eine Entdeckung: Wenn du Samen in den Boden steckst, wächst Essen. Verrückt, oder?

Das war die landwirtschaftliche Revolution. Und sie veränderte alles.

Plötzlich konnten Menschen sesshaft werden. Sie bauten Getreide an, domestizierten Tiere, lagerten Vorräte. Das bedeutete: Mehr Essen. Mehr Essen bedeutete: Mehr Menschen. Mehr Menschen bedeutete: Städte.

Die ersten Städte entstanden. Jericho, Çatalhöyük. Tausende Menschen lebten zusammen. Das hatte es noch nie gegeben.

Aber hier ist der Haken: Das Leben wurde schlechter.

Archäologen haben die Knochen verglichen. Jäger und Sammler waren größer, gesünder, hatten bessere Zähne. Bauern waren kleiner, krankheitsanfälliger, hatten Karies (wegen der Kohlenhydrate).

Warum haben wir dann gewechselt? Weil Landwirtschaft mehr Menschen ernähren konnte. Qualität sank. Quantität stieg. Und Quantität gewann.

AHA-MOMENT: Die landwirtschaftliche Revolution war kein Upgrade. Sie war ein Trade-off. Wir tauschten individuelle Lebensqualität gegen Bevölkerungswachstum. Und es gab kein Zurück. Sobald du Städte hast, brauchst du Landwirtschaft. Du sitzt in der Falle.

Die Erfindung der Schrift: Als Gedanken unsterblich wurden (ca. 3200 v. Chr.)

Für Tausende von Jahren war alles, was Menschen wussten, in ihren Köpfen. Wenn du stirbst, stirbt dein Wissen mit dir. Vielleicht erzählst du es deinen Kindern. Vielleicht nicht. Vielleicht erinnern sie es falsch.

Dann erfanden die Sumerer in Mesopotamien die Keilschrift. Anfangs langweilig: Buchhaltung. „Drei Säcke Getreide. Fünf Schafe. Zwei Krüge Öl." Spannend wie eine Excel-Tabelle.

Aber dann passierte etwas: Menschen schrieben Geschichten auf. Gesetze. Ideen. Wissen.

Plötzlich konnte ein Mensch vor 4.000 Jahren etwas aufschreiben, und du kannst es heute lesen. Gedanken wurden unsterblich.

Das Gilgamesch-Epos, eine der ältesten Geschichten der Welt, wurde vor über 4.000 Jahren aufgeschrieben. Und es handelt von Themen, die heute noch relevant sind: Freundschaft, Tod, die Suche nach Unsterblichkeit. Menschen haben sich nicht verändert.

Mit Schrift kam Zivilisation. Gesetze konnten aufgeschrieben werden (siehe Hammurabi-Kodex). Wissen konnte weitergegeben werden. Geschichten konnten überdauern.

Ohne Schrift? Kein Römisches Reich. Keine Bibel. Keine Wissenschaft. Keine Philosophie. Nichts.

SCHNELLWISSEN: Die meisten frühen Schriften wurden nicht auf Papier geschrieben, sondern in Ton geritzt. Tausende von Tontafeln sind erhalten. Und was steht drauf? Meistens Beschwerden. „Dieser Händler hat mich betrogen!" „Die Kupferqualität war schlecht!" Die ältesten schriftlichen Zeugnisse der Menschheit sind Kundenreklamationen. Menschen ändern sich nie.

Das Römische Reich: Als Zivilisation Regeln bekam (27 v. Chr. – 476 n. Chr.)

Rom war nicht das erste Imperium. Aber es war das erfolgreichste und einflussreichste in der westlichen Welt.

Warum? Nicht wegen der Armee. Nicht wegen der Kaiser. Sondern wegen der Systeme.

Rom erfand: Straßen. Aquädukte. Rechtssystem. Verwaltung. Bürokratie. Klingt langweilig? Diese Dinge halten Zivilisationen zusammen.

Römische Straßen waren so gut gebaut, dass manche heute noch existieren. 2.000 Jahre später. Das ist deutsche Ingenieurskunst vor der deutschen Ingenieurskunst.

Römisches Recht ist die Basis für fast alle westlichen Rechtssysteme. „Unschuldig bis die Schuld bewiesen ist" – das kommt aus Rom.

Die Idee der Republik – gewählte Vertreter, Senat, Checks and Balances – das kommt aus Rom. Ja, sie haben es verkackt und sind zur Diktatur geworden. Aber die Idee überlebte.

Und dann fiel Rom. 476 n. Chr. Die Goten eroberten Rom. Das Weströmische Reich kollabierte.

Europa versank in den dunklen Mittelalter. Wissen ging verloren. Straßen verfielen. Städte schrumpften. Für 1.000 Jahre stagnierte Europa.

Aber hier ist das Interessante: Rom fiel, aber die Ideen überlebten. Die katholische Kirche übernahm die römische Verwaltungsstruktur. Das Rechtssystem blieb. Die Sprache – Latein – wurde zur Lingua Franca Europas.

Rom starb. Aber sein Geist lebte weiter.

AHA-MOMENT: Imperien fallen. Ideen bleiben. Das ist die Lehre der Geschichte. Macht ist temporär. Kultur ist unsterblich.

Die Pest: Als der Tod Europa lähmte (1347–1353)

Ein Drittel der europäischen Bevölkerung starb innerhalb von fünf Jahren. Zwischen 75 und 200 Millionen Menschen weltweit. Tot. Durch Bakterien, die von Flöhen auf Ratten übertragen wurden.

Stell dir vor: Du lebst in einem Dorf mit 300 Menschen. Innerhalb von Monaten sind 100 tot. Deine Nachbarn. Deine Familie. Deine Freunde. Leichen stapeln sich auf den Straßen, weil niemand mehr da ist, um sie zu begraben.

Das war die Schwarze Pest. Die schlimmste Pandemie in der europäischen Geschichte.

Aber hier ist der Twist: Die Pest hat Europa gerettet.

Vorher: Überbevölkerung. Zu viele Menschen, zu wenig Land. Bauern waren Leibeigene, praktisch Sklaven. Sie hatten keine Rechte, kein Land, keine Zukunft.

Nachher: Ein Drittel der Menschen waren tot. Plötzlich gab es mehr Land als Arbeiter. Bauern konnten verhandeln. „Ich arbeite nur, wenn du mir mehr zahlst. Wenn nicht, gehe ich zum nächsten Lord."

Die Macht verschob sich. Von den Grundbesitzern zu den Arbeitern. Das war der Anfang vom Ende des Feudalismus.

Die Pest zwang Europa auch, Medizin ernst zu nehmen. Plötzlich wurde Hygiene wichtig. Quarantäne wurde erfunden (das Wort kommt von „quaranta giorni“ – 40 Tage Isolation in Venedig).

Die Pest tötete Millionen. Aber sie machte Europa moderner.

SCHNELLWISSEN: Während der Pest wurden Juden beschuldigt, die Brunnen vergiftet zu haben. Pogroms brachen aus, Tausende wurden getötet. Das ist der Grund, warum die jüdische Bevölkerung in Europa schrumpfte. Menschheit in der Krise? Suche einen Sündenbock. Immer dieselbe Geschichte.

Die Druckerpresse: Als Wissen demokratisch wurde (1440)

Johannes Gutenberg erfand den Buchdruck mit beweglichen Lettern. Klingt technisch und langweilig. War aber eine Revolution.

Vor Gutenberg: Bücher waren handgeschrieben. Von Mönchen. Ein einziges Buch zu kopieren dauerte Monate. Bücher waren selten, teuer, nur für Reiche und Kirche.

Nach Gutenberg: Ein Buch konnte in Tagen gedruckt werden. Hundertfach. Tausendfach. Plötzlich waren Bücher bezahlbar.

Das erste Buch, das Gutenberg druckte? Die Bibel. Aber es blieb nicht dabei.

Innerhalb von 50 Jahren wurden Millionen Bücher gedruckt. Wissen explodierte. Ideen verbreiteten sich. Die Renaissance begann. Die Reformation folgte.

Martin Luther nagelte seine 95 Thesen an die Kirchentür in Wittenberg (1517). Ohne Druckerpresse? Lokale Aktion, niemand hätte es mitbekommen. Mit Druckerpresse? Innerhalb von Wochen waren seine Thesen in ganz Europa verbreitet.

Die katholische Kirche verlor ihre Monopolstellung auf Wissen. Die Reformation spaltete Europa. Kriege brachen aus. Aber am Ende: Mehr Freiheit. Mehr Denken. Mehr Fortschritt.

AHA-MOMENT: Technologie verändert Machtstrukturen. Wer Informationen kontrolliert, hat Macht. Gutenberg hat die Informationskontrolle zerstört. Dasselbe passiert heute mit dem Internet. Alte Mächte kämpfen. Neue entstehen. Die Geschichte wiederholt sich.

Die Entdeckung Amerikas: Als die Welt plötzlich größer wurde (1492)

Kolumbus segelte westwärts, weil er nach Indien wollte. Er landete in der Karibik. Er dachte bis zu seinem Tod, er wäre in Asien. Er hatte keine Ahnung, dass er einen neuen Kontinent gefunden hatte.

Das ist das Lustige an Geschichte: Die größten Momente passieren aus Versehen.

Die Entdeckung Amerikas änderte alles. Europa bekam Zugang zu neuen Ressourcen: Gold, Silber, Tabak, Kartoffeln, Tomaten, Mais. Die europäische Wirtschaft explodierte.

Aber für die indigene Bevölkerung Amerikas? Genozid. Nicht absichtlich – meistens. Europäer brachten Krankheiten mit. Pocken, Masern, Grippe. Krankheiten, gegen die Europäer immun waren, aber Amerikaner nicht.

Schätzungsweise 90 Prozent der indigenen Bevölkerung starben innerhalb von 100 Jahren. Nicht durch Schwerter. Durch Bakterien.

Das größte Massensterben in der Menschheitsgeschichte. Nicht durch Absicht. Durch Biologie.

Die Welt wurde verbunden. Aber der Preis war hoch.

Die industrielle Revolution: Als Maschinen Menschen ersetzten (1760–1840)

Für Jahrtausende arbeiteten Menschen mit ihren Händen. Bauern auf dem Feld. Handwerker in Werkstätten. Alles langsam. Alles begrenzt durch menschliche Kraft.

Dann erfand James Watt die Dampfmaschine. Plötzlich konnten Maschinen die Arbeit von hundert Menschen erledigen. Fabriken entstanden. Städte wuchsen. Die Welt veränderte sich schneller als je zuvor.

Das Leben verbesserte sich – langfristig. Kurzfristig? Katastrophe.

Arbeiter in Fabriken arbeiteten 14 Stunden am Tag, sechs Tage die Woche. Kinder arbeiteten in Kohleminen. Städte waren überfüllt, dreckig, voller Krankheiten. Charles Dickens schrieb darüber. Es war die Hölle.

Aber langsam, über Jahrzehnte, verbesserten sich die Bedingungen. Gewerkschaften entstanden. Gesetze wurden erlassen. Arbeitszeiten sanken. Löhne stiegen.

Die industrielle Revolution machte die Welt reich. Aber es dauerte Generationen, bis normale Menschen davon profitierten.

SCHNELLWISSEN: Die Lebenserwartung in England vor der industriellen Revolution: etwa 40 Jahre. Danach? Erst sank sie (wegen der schrecklichen Arbeitsbedingungen). Dann stieg sie. Heute: über 80 Jahre. Langfristig hat die industrielle Revolution Milliarden Leben gerettet. Kurzfristig hat sie Millionen ruiniert.

Die Weltkriege: Als die Menschheit sich selbst fast auslöschte (1914–1918 & 1939–1945)

Der Erste Weltkrieg begann, weil ein serbischer Nationalist einen österreichischen Erzherzog erschoss. Ein einzelner Schuss. Und plötzlich war ganz Europa im Krieg.

Warum? Allianzen. Österreich erklärte Serbien den Krieg. Russland unterstützte Serbien. Deutschland unterstützte Österreich. Frankreich unterstützte Russland. England trat bei. Wie Dominosteine.

Vier Jahre lang schlachteten sich Millionen Menschen in Schützengräben ab. Neue Technologien – Maschinengewehre, Giftgas, Panzer – machten das Töten effizienter. 17 Millionen Menschen starben.

Der Krieg endete 1918. Der Vertrag von Versailles bestrafte Deutschland brutal. Deutschland musste Reparationen zahlen, Land abgeben, die Armee reduzieren.

Das führte zu wirtschaftlicher Verzweiflung. Hyperinflation. Und dann: Adolf Hitler.

Der Zweite Weltkrieg war noch schlimmer. 70 bis 85 Millionen Tote. Der Holocaust – sechs Millionen Juden ermordet. Atombomben auf Hiroshima und Nagasaki.

Die Menschheit hatte Technologien entwickelt, die ganze Städte auslöschen konnten. Wir waren einen Knopfdruck von der Selbstauslöschung entfernt.

Nach 1945 schwor die Welt: „Nie wieder." Die Vereinten Nationen wurden gegründet. Die Europäische Union entstand. Nicht aus Idealismus, sondern aus Angst. Angst vor dem nächsten Krieg.

AHA-MOMENT: Frieden ist kein Naturzustand. Frieden ist Arbeit. Europa hatte 2.000 Jahre lang ständig Krieg. Jetzt haben wir 80 Jahre Frieden. Das ist ein historisches Wunder. Und es ist zerbrechlich.

Die digitale Revolution: Als Information kostenlos wurde (1990–heute)

1990 gab es das World Wide Web nicht. 2000 hatten wenige Menschen Internet. 2010 hatte fast jeder ein Smartphone.

Innerhalb von 20 Jahren veränderte sich die Welt radikaler als in den 200 Jahren davor.

Plötzlich hatte jeder Zugang zu allem Wissen der Menschheit. Kostenlos. Sofort. In der Hosentasche.

Bibliotheken? Überflüssig. Enzyklopädien? Tot. Die Art, wie wir lernen, arbeiten, kommunizieren – alles verändert.

Aber es gibt eine Kehrseite. Fake News verbreiten sich schneller als Wahrheit. Verschwörungstheorien finden Millionen Anhänger. Soziale Medien machen uns einsamer, depressiver, wütender.

Wir haben eine Technologie geschaffen, die uns verbindet. Und sie spaltet uns.

Die digitale Revolution ist nicht vorbei. Wir leben mittendrin. KI, Automatisierung, Biotechnologie – die nächsten 20 Jahre werden noch wilder.

Die Frage ist: Wird es uns besser machen? Oder zerstören?

Das große Bild

Geschichte ist keine gerade Linie. Es ist kein Fortschritt von primitiv zu zivilisiert. Es ist Chaos. Zufälle. Glück und Pech.

Die landwirtschaftliche Revolution machte uns sesshaft – aber kränker. Die Pest tötete Millionen – aber befreite Arbeiter. Die Druckerpresse verbreitete Wissen – aber löste Kriege aus. Die industrielle Revolution machte uns reich – aber zerstörte zuerst Leben. Die Weltkriege töteten Millionen – aber führten zu 80 Jahren Frieden. Das Internet verbindet uns – aber spaltet uns.

Jeder Fortschritt hat einen Preis. Jede Revolution hat Gewinner und Verlierer. Und niemand weiß vorher, wie es ausgeht.

Du sitzt auf dem Klo und liest über Geschichte. Aber du lebst mittendrin. Die digitale Revolution, der Klimawandel, KI – das sind die Wendepunkte, über die Menschen in 100 Jahren lesen werden.

Die Frage ist: Auf welcher Seite der Geschichte stehst du?

Bist du jemand, der passiv zuschaut? Oder jemand, der gestaltet?

Geschichte wird nicht von Massen gemacht. Sie wird von Individuen gemacht, die entscheiden: „Nicht mit mir."

Martin Luther. Rosa Parks. Mahatma Gandhi. Malala Yousafzai.

Normale Menschen. Die Nein sagten. Und alles änderten.

Du musst nicht die Welt retten. Aber du kannst aufhören, Teil des Problems zu sein.

Das ist die Lehre der Geschichte.

Die Welt ändert sich. Immer.

Die Frage ist nur: Mit dir oder ohne dich?

10
Chemie & Physik zum Staunen

Die Welt um dich herum ist verrückt. Komplizierter als jeder Science-Fiction-Film. Wilder als jede Fantasy-Geschichte. Aber weil du es jeden Tag siehst, hältst du es für normal.

Es ist nicht normal. Es ist Wahnsinn. Wunderschöner, wissenschaftlicher Wahnsinn.

Du sitzt gerade auf einer Keramikschüssel, die mit Wasser gefüllt ist. Das Wasser bleibt da, wegen Molekülen, die aneinander kleben. Wenn du fertig bist, drückst du einen Hebel, und komplexe Strömungsmechanik sorgt dafür, dass alles verschwindet. Währenddessen hält Schwerkraft dich am Boden fest, obwohl die Erde sich mit 1.670 Kilometern pro Stunde dreht.

Nichts davon ist selbstverständlich. Alles davon ist faszinierend.

Willkommen bei der Wissenschaft hinter dem Alltag. Keine Formeln. Keine komplizierten Rechnungen. Nur das Staunen darüber, wie absurd clever die Realität ist.

Warum fällt man nicht von der Erde? (Schwerkraft, aber verständlich)

Du sitzt gerade fest auf der Erde. Aber die Erde ist eine Kugel, die sich dreht. Im Weltraum. Ohne Boden darunter.

Warum fliegst du nicht weg?

Die offensichtliche Antwort: Schwerkraft. Aber was ist Schwerkraft?

Hier wird's wild. Schwerkraft ist keine Kraft im klassischen Sinne. Sie ist eine Krümmung der Raumzeit. Die Erde ist so massiv, dass sie den Raum um sich herum verbiegt. Wie eine schwere Bowlingkugel auf einem Trampolin.

Du rollst nicht „nach unten" zur Erde. Du folgst der Kurve, die die Erde in die Raumzeit gedrückt hat.

Klingt nach Science-Fiction? Einstein hat das 1915 bewiesen. Und es stimmt.

Aber hier ist das Verrückte: Schwerkraft ist die schwächste der vier Grundkräfte im Universum. Du kannst sie mit einem Magneten überwinden. Ein winziger Magnet hebt eine Büroklammer hoch – gegen die gesamte Schwerkraft der Erde.

Die Erde ist riesig. Sechs Trillionen Kilogramm schwer. Und ein Cent-großer Magnet kann ihre Anziehungskraft überwinden. Das ist, wie schwach Schwerkraft ist.

AHA-MOMENT: Du fällst gerade. Buchstäblich. Die Erde zieht dich mit 9,81 Metern pro Sekunde pro Sekunde nach unten. Der Boden hält dich auf. Aber wenn der Boden weg wäre, würdest du beschleunigen. Immer schneller. Das ist Schwerkraft. Du fällst die ganze Zeit. Du merkst es nur nicht.

Warum ist der Himmel blau? (Und warum Sonnenuntergänge rot sind)

Der Himmel ist nicht blau, weil er Wasser reflektiert. Das ist Bullshit, den Leute erzählen, die keine Ahnung haben.

Der Himmel ist blau wegen Rayleigh-Streuung.

Sonnenlicht ist weiß. Es enthält alle Farben – rot, orange, gelb, grün, blau, violett. Wenn dieses Licht durch die Atmosphäre reist, trifft es auf Moleküle – Stickstoff, Sauerstoff, Wasserdampf.

Diese Moleküle streuen das Licht. Aber nicht alle Farben gleich. Blaues Licht hat eine kürzere Wellenlänge als rotes Licht. Kurze Wellenlängen werden stärker gestreut.

Das bedeutet: Blaues Licht wird in alle Richtungen verteilt. Es fliegt durch die ganze Atmosphäre. Egal wo du hinschaust, du siehst gestreutes blaues Licht.

Deshalb ist der Himmel blau.

Aber warum ist der Sonnenuntergang rot?

Weil das Licht einen längeren Weg durch die Atmosphäre nehmen muss, wenn die Sonne tief steht. Alles blaue Licht wird rausgestreut, bevor es deine Augen erreicht. Was übrig bleibt: Rot, Orange, Gelb. Die langweiligen Farben.

Und deshalb sind Sonnenuntergänge romantisch. Nicht wegen Magie. Wegen Physik.

SCHNELLWISSEN: Auf dem Mars ist der Himmel nicht blau. Er ist butterscotch-braun. Und die Sonnenuntergänge sind blau. Weil die Atmosphäre anders ist, der Staub anders ist, die Streuung anders funktioniert. Jeder Planet hat seine eigene Farbe. Physik ist überall.

Warum klebt Klebeband? (Und warum manche Dinge „klebrig" sind)

Du hast gerade Klebeband benutzt. Oder Tesafilm. Oder Post-its. Und du hast nie gefragt: Warum zur Hölle funktioniert das?

Die Antwort: Van-der-Waals-Kräfte.

Das sind winzige, schwache Anziehungskräfte zwischen Molekülen. Einzeln sind sie fast nichts. Aber wenn du Milliarden davon hast – wie bei einer großen Fläche Klebeband – addieren sie sich.

Klebeband hat eine spezielle Oberfläche. Sie ist so designed, dass sie maximalen Kontakt mit der Oberfläche hat, auf die du es klebst. Je mehr Kontakt, desto mehr Van-der-Waals-Kräfte, desto stärker klebt es.

Aber hier ist der Trick: Klebeband muss auch wieder abgehen. Deshalb ist der Kleber ein Polymer – ein Material, das zäh und elastisch ist. Es verteilt die Kraft, wenn du ziehst. Langsam abziehen? Es hält. Schnell abreißen? Es löst sich.

Das ist auch der Grund, warum Geckos an Wänden laufen können. Ihre Füße haben Millionen winziger Härchen. Jedes Härchen nutzt Van-der-Waals-Kräfte. Zusammen sind sie stark genug, um einen Gecko an der Decke zu halten.

PROBIER'S AUS: Nimm ein Stück Klebeband und klebe es auf deine Haut. Zieh es langsam ab. Dann klebe es nochmal und reiß es schnell ab. Fühlt sich anders an, oder? Das ist Physik. Die Geschwindigkeit ändert, wie die Kräfte wirken.

Warum brennt Feuer? (Und was Feuer eigentlich ist)

Feuer ist kein Ding. Es ist kein Objekt. Es ist ein Prozess.

Feuer ist eine chemische Reaktion. Genauer: Eine Oxidation. Etwas (meistens Kohlenstoff, Wasserstoff) reagiert mit Sauerstoff und setzt Energie frei.

Holz + Sauerstoff + Hitze → Kohlendioxid + Wasser + Energie (als Licht und Wärme)

Die Flamme, die du siehst? Das ist glühender Ruß. Kohlenstoffpartikel, die so heiß sind, dass sie leuchten. Verschiedene Temperaturen = verschiedene Farben.

Rote Flamme: etwa 600–800 Grad Celsius. Gelbe Flamme: etwa 1.000–1.200 Grad. Blaue Flamme: etwa 1.400–1.600 Grad.

Deshalb ist die blaue Flamme am Gasherd heißer als die gelbe Flamme einer Kerze.

Aber hier ist das Verrückte: Feuer braucht Sauerstoff. Im Weltraum gibt es keinen Sauerstoff. Das bedeutet: Im Weltraum kann nichts brennen. Eine Kerze würde sofort ausgehen.

Es sei denn, du bringst deinen eigenen Sauerstoff mit. Was Raketen tun. Sie tragen flüssigen Sauerstoff mit sich. Deshalb können Raketen im Weltraum feuern.

AHA-MOMENT: Feuer ist keine Sache. Es ist ein Ereignis. Genau wie ein Wirbelsturm keine Sache ist, sondern eine Bewegung von Luft. Feuer ist Materie, die sich in Energie verwandelt. Einstein würde nicken.

Warum wird Eis rutschig? (Spoiler: Nicht aus dem Grund, den du denkst)

Jahrzehntelang dachten Wissenschaftler, sie wüssten es: Eis ist rutschig, weil der Druck deines Fußes das Eis schmilzt. Eine dünne Wasserschicht entsteht. Du rutschst auf dem Wasser.

Klingt plausibel. Ist aber falsch.

Neuere Forschung zeigt: Eis ist rutschig, weil seine Oberfläche anders ist als sein Inneres. Die oberste Schicht von Eis – nur wenige Moleküle dick – ist flüssig-ähnlich. Nicht wirklich geschmolzen, aber auch nicht richtig gefroren. Eine Art Zwischenzustand.

Warum? Weil die Moleküle an der Oberfläche weniger Nachbarn haben. Sie sind freier. Sie vibrieren mehr. Und das macht die Oberfläche rutschig.

Das passiert schon bei Temperaturen weit unter null Grad. Deshalb ist Eis bei minus 20 Grad immer noch rutschig. Kein Schmelzen nötig.

Die Wissenschaft dachte, sie hätte es verstanden. Sie lag falsch. Das passiert öfter, als du denkst.

SCHNELLWISSEN: Schlittschuhe funktionieren nicht, weil sie Eis schmelzen. Sie funktionieren, weil die Kufe die rutschige Oberfläche noch rutschiger macht. Plus: Die Reibungswärme hilft ein bisschen. Aber der Hauptgrund ist die bizarre Oberfläche von Eis selbst.

Warum rostet Eisen? (Und warum dein Auto irgendwann stirbt)

Rost ist Eisenoxid. Eisen reagiert mit Sauerstoff und Wasser und verwandelt sich in eine rote, brüchige Substanz.

Eisen + Sauerstoff + Wasser → Eisenoxid (Rost)

Das ist dasselbe Prinzip wie Feuer. Eine Oxidation. Nur langsamer. Viel langsamer.

Feuer ist schnelle Oxidation. Rost ist langsame Oxidation. Beides dasselbe Konzept.

Hier ist das Problem: Rost breitet sich aus. Wenn ein Teil deines Autos rostet, kriecht der Rost weiter. Weil Rost porös ist. Wasser dringt ein. Mehr Rost entsteht. Ein Teufelskreis.

Deshalb werden Autos lackiert. Nicht nur wegen der Optik. Der Lack ist eine Barriere. Er hält Sauerstoff und Wasser vom Metall fern. Sobald der Lack einen Riss hat, beginnt das Sterben.

Edelstahl rostet nicht. Warum? Weil er Chrom enthält. Chrom oxidiert auch, aber es bildet eine dünne, unsichtbare Schutzschicht. Diese Schicht verhindert, dass das darunterliegende Eisen weiter oxidiert.

AHA-MOMENT: Aluminium rostet auch. Du siehst es nur nicht. Aluminium bildet sofort eine Oxidschicht, die es schützt. Deshalb sieht Aluminium immer matt und leicht grau aus. Das ist Aluminiumoxid. Eine natürliche Schutzschicht. Natur ist clever.

Warum schäumt Seife? (Und warum das eigentlich egal ist)

Seife schäumt, weil sie die Oberflächenspannung von Wasser verändert.

Wasser hat Oberflächenspannung. Die Moleküle an der Oberfläche halten sich gegenseitig fest. Deshalb kann ein Wasserläufer auf Wasser laufen. Deshalb bildet Wasser Tropfen.

Seife ist ein Tensid. Ein Molekül mit zwei Enden: Ein Ende liebt Wasser (hydrophil). Das andere Ende hasst Wasser (hydrophob).

Wenn du Seife ins Wasser gibst, stören diese Moleküle die Oberflächenspannung. Sie drängen sich zwischen die Wassermoleküle. Luftblasen können entstehen. Schaum.

Aber hier ist der Trick: Schaum bedeutet nicht, dass die Seife besser reinigt. Null. Nichts. Nada.

Schaum ist nur ein visueller Effekt. Marketing. Menschen denken: „Viel Schaum = viel Reinigung." Bullshit. Die Reinigung passiert durch die Tenside, nicht durch den Schaum.

Manche moderne Seifen schäumen kaum noch. Sie reinigen genauso gut. Aber Menschen kaufen sie nicht, weil sie denken, sie funktionieren nicht.

SCHNELLWISSEN: Spülmittel schäumt stärker als Handseife. Warum? Weil im Spülwasser oft Fett ist. Fett hemmt Schaum. Also fügen Hersteller stärkere Schaumbildner hinzu. Nicht weil es besser reinigt. Sondern weil Menschen sich besser fühlen, wenn es schäumt. Psychologie schlägt Chemie.

Warum sind Diamanten hart? (Und Graphit weich, obwohl beides Kohlenstoff ist)

Diamant ist reiner Kohlenstoff. Graphit (das Zeug in Bleistiften) ist auch reiner Kohlenstoff.

Dasselbe Element. Komplett unterschiedliche Eigenschaften. Warum?

Struktur.

In Diamanten ist jedes Kohlenstoffatom mit vier anderen verbunden. Eine 3D-Gitterstruktur. Extrem stabil. Jede Bindung ist stark. Es gibt keinen Weg, das zu brechen, ohne massive Kraft.

In Graphit ist jedes Kohlenstoffatom nur mit drei anderen verbunden. Schichten. Wie ein Stapel Papier. Die Schichten halten schwach zusammen. Du kannst sie leicht verschieben. Deshalb ist Graphit weich. Deshalb hinterlässt ein Bleistift eine Spur – die Schichten rutschen ab.

Selbes Element. Andere Anordnung. Komplett andere Eigenschaften.

Das ist auch der Grund, warum Kohle billig ist und Diamanten teuer. Kohle ist ungeordneter Kohlenstoff. Diamanten sind perfekt geordneter Kohlenstoff. Ordnung kostet Energie. Und Zeit. Und Druck. Deshalb bilden sich Diamanten tief unter der Erde, wo es heiß und druckvoll ist.

PROBIER'S AUS: Nimm einen Bleistift. Schreib etwas. Du überträgst gerade Graphitschichten auf Papier. Du schmierst Kohlenstoff ab. Dasselbe Element, aus dem Diamanten bestehen. Aber in einer anderen Struktur. Chemie ist wild.

Warum werden Bananen braun? (Und warum man sie im Kühlschrank nicht lagern sollte)

Bananen reifen durch Ethylen. Ein Gas, das die Banane selbst produziert. Ethylen ist ein Pflanzenhormon. Es sagt der Banane: „Zeit zu reifen."

Wenn die Banane reift, baut sie Stärke ab und wandelt sie in Zucker um. Deshalb werden reife Bananen süßer. Die Schale wird gelb, dann braun, weil Chlorophyll (grün) abgebaut wird und braune Pigmente entstehen.

Hier ist der Trick: Ethylen wirkt auch auf andere Früchte. Wenn du eine reife Banane neben Äpfel legst, reifen die Äpfel schneller. Das Gas diffundiert durch die Luft.

Deshalb solltest du Bananen nicht im Kühlschrank lagern. Die Kälte verlangsamt die Reifung der Frucht, aber die Schale reagiert anders. Enzyme in der Schale werden beschädigt. Die Schale wird braun, obwohl die Frucht noch nicht reif ist.

Und hier ist das Absurde: Die meisten „reifen" Tomaten, die du im Supermarkt kaufst, wurden mit Ethylen-Gas behandelt. Sie wurden grün geerntet, in einen Raum mit Ethylen gesteckt, und „künstlich gereift". Deshalb schmecken sie nach nichts. Sie sind rot, aber nicht reif. Chemie kann Farbe ändern. Geschmack? Nicht so sehr.

AHA-MOMENT: Früchte reifen nach der Ernte weiter. Gemüse nicht. Eine Tomate wird süßer, wenn sie auf dem Tisch liegt. Eine Gurke wird nur alt. Der Unterschied: Früchte produzieren Ethylen. Gemüse nicht.

Warum schwimmt Eis? (Und warum das Leben auf der Erde rettet)

Fast alles wird schwerer, wenn es gefriert. Die Moleküle rücken näher zusammen. Dichter. Schwerer.

Wasser ist die Ausnahme. Wenn Wasser gefriert, wird es leichter. Weniger dicht. Es schwimmt.

Warum? Weil Wassermoleküle eine bizarre Form haben. Wenn sie gefrieren, bilden sie eine Kristallstruktur mit viel leerem Raum dazwischen. Wie ein Gitter. Mehr Raum = weniger Dichte.

Das ist der Grund, warum Eiswürfel in deinem Glas schwimmen. Das ist der Grund, warum Eisbergs oben auf dem Meer treiben.

Und das ist der Grund, warum Leben auf der Erde existiert.

Stell dir vor, Eis wäre schwerer als Wasser. Es würde sinken. Im Winter würden Seen und Meere von unten zufrieren. Alles würde zu einem riesigen Eisblock. Fische? Tot. Pflanzen? Tot. Kein Leben im Wasser.

Aber Eis schwimmt. Es bildet eine Isolationsschicht oben. Das Wasser darunter bleibt flüssig. Leben überlebt.

Die gesamte Biosphäre existiert, weil Wasser eine bizarre Anomalie ist.

SCHNELLWISSEN: Wenn du eine volle Wasserflasche einfrierst, platzt sie. Weil Wasser sich beim Gefrieren ausdehnt. Etwa neun Prozent. Das ist genug Kraft, um Plastik zu sprengen. Und Rohre. Deshalb platzen im Winter Wasserleitungen. Physik interessiert sich nicht für deine Pläne.

Das große Bild

Die Welt folgt Regeln. Nicht moralischen Regeln. Nicht sozialen Regeln. Physikalischen und chemischen Regeln.

Schwerkraft zieht dich runter. Immer. Keine Ausnahmen. Oxidation passiert. Langsam oder schnell. Aber sie passiert. Moleküle bewegen sich.

Schneller bei Hitze, langsamer bei Kälte. Energie kann nicht erschaffen oder zerstört werden. Nur umgewandelt.

Das sind keine Theorien. Das sind Gesetze. Die Natur befolgt sie. Ob du sie verstehst oder nicht.

Aber wenn du sie verstehst, ändert sich alles. Plötzlich ist die Welt nicht mehr zufällig. Sie ist vorhersehbar. Elegant. Schön.

Du sitzt auf dem Klo. Du denkst, du machst nichts. Aber in deinem Körper laufen Milliarden chemischer Reaktionen ab. Enzyme spalten Nahrung. ATP produziert Energie. Neuronen feuern Signale. Alles nach den Regeln der Physik und Chemie.

Du bist keine Ausnahme von den Gesetzen. Du bist ein Ausdruck davon.

Und das ist verdammt cool.

11 Produktivitäts-Booster

Du bist nicht unproduktiv, weil du faul bist. Du bist unproduktiv, weil du die falschen Systeme benutzt. Oder gar keine.

Die meisten Menschen arbeiten hart und schaffen wenig. Sie sind den ganzen Tag beschäftigt und am Ende frustriert, weil nichts Wichtiges erledigt wurde. E-Mails beantworten, Meetings besuchen, auf Social Media scrollen – das fühlt sich an wie Arbeit. Ist es aber nicht.

Produktivität ist nicht, wie viele Stunden du arbeitest. Es ist, wie viel du in diesen Stunden schaffst. Und vor allem: die richtigen Dinge.

Hier ist die gute Nachricht: Du musst nicht härter arbeiten. Du musst klüger arbeiten. Mit Systemen, die mit deinem Gehirn arbeiten, nicht dagegen.

Willkommen bei den Produktivitäts-Tricks, die tatsächlich funktionieren. Keine Motivations-Bullshit. Keine „Steh um 4 Uhr auf"-Ratschläge. Nur Systeme, die praktisch sind. Für normale Menschen mit normalen Leben.

Die 2-Minuten-Regel (Extended Edition)

Wir haben das schon mal kurz angerissen, aber jetzt gehen wir tiefer. Diese Regel ist so mächtig, dass sie ein ganzes Kapitel verdient hätte.

Die Grundregel: Wenn etwas weniger als zwei Minuten dauert, mach es sofort.

Aber hier ist die erweiterte Version: Wenn eine große Aufgabe überwältigend wirkt, reduziere den ersten Schritt auf zwei Minuten.

„Ein Buch schreiben" ist riesig. Unmöglich. Dein Gehirn sagt: „Nope, zu groß, machen wir nicht."

„Eine Seite schreiben" ist machbar. „Den Laptop aufklappen und einen Satz tippen" – das sind zwei Minuten.

Und hier passiert die Magie: Sobald du angefangen hast, ist die größte Hürde überwunden. Der Start. Dein Gehirn schaltet um von „Ich will nicht" zu „Okay, ich bin schon dabei."

Motivation kommt nicht vor der Handlung. Sie kommt danach. Sobald du dich bewegst, folgt die Motivation.

PROBIER'S AUS: Wähle die Aufgabe, die du seit Wochen vor dir herschiebst. Jetzt reduziere den ersten Schritt auf zwei Minuten. Nicht die ganze Aufgabe. Nur der erste, winzige Schritt. Und dann: Mach ihn. Jetzt. Bevor du weiterliest. Zwei Minuten. Los.

Fertig? Siehst du. Du hast angefangen. Das war der schwierigste Teil.

Die Pomodoro-Technik (oder: Wie man seinem Gehirn austrickst, produktiv zu sein)

Dein Gehirn hasst lange Arbeitssessions. Nach etwa 25 Minuten fokussierter Arbeit beginnt die Konzentration zu sinken. Deine Gedanken schweifen ab. Du checkst Instagram. Du fragst dich, was es zum Mittagessen gibt.

Die Pomodoro-Technik arbeitet mit diesem Rhythmus, nicht dagegen.

So funktioniert es:

1. Wähle eine Aufgabe.
2. Stelle einen Timer auf 25 Minuten.
3. Arbeite. Nur diese Aufgabe. Keine Ablenkungen. Null.
4. Wenn der Timer klingelt: 5 Minuten Pause.
5. Nach vier Pomodoros: 15-30 Minuten längere Pause.

Das wars. Simpel. Und brutal effektiv.

Warum funktioniert das? Mehrere Gründe.

Erstens: 25 Minuten sind nicht bedrohlich. Dein Gehirn denkt: „Okay, 25 Minuten kann ich durchhalten." Eine Stunde? Unmöglich. 25 Minuten? Machbar.

Zweitens: Der Timer erzeugt Druck. Sanften Druck. Du hast eine Deadline. In 25 Minuten klingelt es. Das aktiviert deinen Fokus.

Drittens: Die Pausen sind heilig. Dein Gehirn braucht Erholung. Keine halben Pausen, wo du „nur kurz E-Mails checkst". Echte Pausen. Aufstehen. Strecken. Wasser trinken. Aus dem Fenster schauen.

AHA-MOMENT: Die meisten Menschen arbeiten in einem Zustand ständiger Halb-Konzentration. Sie arbeiten drei Stunden mit hundert Unterbrechungen. Pomodoro ist das Gegenteil: Volle Konzentration für kurze Zeit, dann echte Erholung. Das Ergebnis? Mehr Arbeit in weniger Zeit. Und weniger Erschöpfung.

Eat the Frog (oder: Mach das Schlimmste zuerst)

Mark Twain soll gesagt haben: „Wenn deine Aufgabe ist, einen Frosch zu essen, dann tu es als Erstes am Morgen. Und wenn deine Aufgabe ist, zwei Frösche zu essen, iss den größten zuerst."

Der Frosch ist die Aufgabe, die du am meisten hasst. Die schwierigste, unangenehmste, gruseligste Aufgabe auf deiner Liste.

Die meisten Menschen schieben den Frosch vor sich her. Den ganzen Tag. Sie erledigen kleine, einfache Dinge. E-Mails. Anrufe. Aufräumen. Alles, nur nicht den Frosch.

Und dann, am Ende des Tages, sitzt der Frosch immer noch da. Und du fühlst dich wie Scheiße, weil du das Wichtigste nicht erledigt hast.

Die Lösung: Iss den Frosch zuerst.

Morgens, wenn deine Willenskraft am stärksten ist, wenn deine Energie am höchsten ist – genau dann machst du die härteste Aufgabe.

Und plötzlich ist der Rest des Tages leicht. Alles andere fühlt sich an wie ein Bonus. Du hast das Schlimmste hinter dir. Nichts kann dich mehr stressen.

SCHNELLWISSEN: Willenskraft ist wie ein Muskel. Sie ermüdet im Laufe des Tages. Morgens hast du volle Willenskraft. Abends ist sie erschöpft. Deshalb scheitern Diäten am Abend. Deshalb scrollst du um 22 Uhr durch TikTok statt zu arbeiten. Deine Willenskraft ist leer. Nutze sie morgens, wenn sie voll ist.

Die Eisenhower-Matrix (oder: Dringend ist nicht wichtig)

Dwight D. Eisenhower, US-Präsident und General, hatte eine einfache Methode, um Prioritäten zu setzen. Die Eisenhower-Matrix.

Jede Aufgabe fällt in eine von vier Kategorien:

1. Wichtig und dringend: Krisen. Deadlines. Probleme, die sofort gelöst werden müssen. Mach sie sofort.

2. Wichtig, aber nicht dringend: Langfristige Projekte. Beziehungen. Gesundheit. Planung. Das sind die Dinge, die dein Leben verbessern. Aber sie schreien nicht nach Aufmerksamkeit. Terminiere sie. Blockiere Zeit dafür.

3. Nicht wichtig, aber dringend: Unterbrechungen. Manche E-Mails. Manche Anrufe. Manche Meetings. Delegiere sie, wenn möglich. Oder minimiere sie.

4. Nicht wichtig und nicht dringend: Zeitverschwendung. Social Media. Sinnlose Meetings. Netflix-Binges. Eliminiere sie.

Das Problem: Die meisten Menschen leben in Quadrant 1 und 3. Sie reagieren ständig auf Dringendes. Aber Dringendes ist oft nicht Wichtiges.

E-Mails fühlen sich dringend an. Sind sie aber nicht. Die meisten können warten.

Die wirklich wichtigen Dinge – ein Buch schreiben, eine neue Fähigkeit lernen, Beziehungen pflegen, langfristige Ziele verfolgen – die sind nie dringend. Sie haben keine Deadline. Niemand schreit dich an, wenn du sie nicht machst.

Deshalb werden sie nie gemacht.

Die Regel: Verbringe mindestens 50 Prozent deiner Zeit in Quadrant 2. Wichtig, aber nicht dringend. Das ist, wo Wachstum passiert. Wo Leben passiert.

PROBIER'S AUS: Nimm deine To-Do-Liste. Ordne jede Aufgabe einem Quadranten zu. Wie viele sind in Quadrant 2? Wenn es weniger als die Hälfte ist, lebst du reaktiv, nicht proaktiv. Ändere das.

Die Macht des „Nein“ (oder: Wie du aufhörst, Ja-Sager zu sein)

Jedes Ja zu etwas ist ein Nein zu etwas anderem.

Wenn du Ja sagst zu einem zusätzlichen Projekt bei der Arbeit, sagst du Nein zu Zeit mit deiner Familie. Wenn du Ja sagst zu einem Drink nach Feierabend, sagst du Nein zu deinem Training. Wenn du Ja sagst zu einer Netflix-Serie, sagst du Nein zu dem Buch, das du lesen wolltest.

Du hast 24 Stunden am Tag. Jede Entscheidung ist ein Trade-off.

Das Problem: Menschen sagen zu oft Ja. Aus Höflichkeit. Aus Angst, unhöflich zu wirken. Aus dem Gefühl, sie müssten verfügbar sein.

Bullshit.

Erfolgreiche Menschen sagen ständig Nein. Warren Buffett sagt: „Der Unterschied zwischen erfolgreichen Menschen und sehr erfolgreichen Menschen ist, dass sehr erfolgreiche Menschen zu fast allem Nein sagen.“

Steve Jobs sagte: „Menschen denken, Fokus bedeutet Ja sagen zu dem, worauf du dich konzentrierst. Aber das ist nicht, was es bedeutet. Es bedeutet Nein sagen zu hundert anderen guten Ideen.“

Nein ist nicht unhöflich. Nein ist Selbstschutz.

AHA-MOMENT: Wenn du Schwierigkeiten hast, Nein zu sagen, probiere das: „Ich würde gerne, aber ich habe mich bereits für etwas anderes verpflichtet.“ Du musst nicht erklären, was. Das ist niemandes Geschäft. Du hast dich verpflichtet. Zu deinen eigenen Prioritäten.

Zeitblockierung (oder: Wie du aufhörst, reaktiv zu leben)

Die meisten Menschen planen ihren Tag nicht. Sie lassen den Tag mit ihnen passieren. E-Mails kommen rein, sie reagieren. Ein Meeting wird angesetzt, sie gehen hin. Jemand ruft an, sie antworten.

Das ist reaktives Leben. Du bist nicht der Regisseur. Du bist ein Statist in deinem eigenen Film.

Zeitblockierung ist das Gegenteil. Du planst jeden Block deines Tages im Voraus.

8:00–9:00 Uhr: Frosch essen (wichtigste Aufgabe). 9:00–9:30 Uhr: E-Mails checken. 9:30–11:00 Uhr: Fokusarbeit, Pomodoro-Sessions. 11:00–11:15 Uhr: Pause. 11:15–12:30 Uhr: Meetings. 12:30–13:30 Uhr: Mittagspause (echte Pause, kein „Essen am Schreibtisch"). 13:30–15:30 Uhr: Fokusarbeit. 15:30–16:00 Uhr: Admin-Kram, Kleinigkeiten. 16:00 Uhr: Feierabend.

Jede Minute hat einen Zweck. Nichts passiert zufällig.

Das klingt rigide. Ist es auch. Aber es ist befreiend. Weil du plötzlich die Kontrolle hast. Du entscheidest, was passiert. Nicht andere. Nicht Zufall. Du.

Und hier ist der Trick: Wenn jemand fragt „Hast du Zeit für ein Meeting?", schaust du in deinen Kalender und siehst: Nein. Dieser Block ist für Fokusarbeit reserviert. Du kannst ohne Schuldgefühle Nein sagen.

SCHNELLWISSEN: Elon Musk nutzt Zeitblockierung in 5-Minuten-Intervallen. Jede Minute seines Tages ist geplant. Das ist extrem. Aber selbst 30-Minuten-Blöcke machen einen riesigen Unterschied. Probiere es eine Woche. Du wirst schockiert sein, wie viel mehr du schaffst.

Die Zwei-Listen-Strategie von Warren Buffett

Warren Buffetts Pilot fragte ihn einmal um Rat für seine Karriere. Buffett sagte:

„Schreib deine 25 wichtigsten Karriereziele auf."

Der Pilot schrieb 25 Ziele auf.

„Jetzt kreise die fünf wichtigsten ein.“

Der Pilot kreiste fünf ein.

„Gut“, sagte Buffett. „Du hast jetzt zwei Listen. Liste A: Deine fünf wichtigsten Ziele. Liste B: Die anderen 20.“

Der Pilot nickte. „Also arbeite ich an Liste A und an Liste B, wenn ich Zeit habe, richtig?“

„Falsch“, sagte Buffett. „Liste B ist deine Vermeide-um-jeden-Preis-Liste. Diese Dinge lenken dich ab. Sie sind Zeitverschwendung. Ignoriere sie, bis die fünf Ziele in Liste A erreicht sind.“

Das ist brutal. Aber es funktioniert.

Die größte Gefahr für deine Produktivität sind nicht schlechte Ideen. Es sind gute Ideen, die nicht gut genug sind. Sie verbrauchen deine Energie. Sie fühlen sich produktiv an. Aber sie bringen dich nicht näher an das, was wirklich zählt.

PROBIER‘S AUS: Mach die Übung. 25 Ziele. Kreise fünf ein. Die anderen 20? Vergiss sie. Bis die Top 5 erledigt sind, existieren sie nicht. Fokus ist nicht, viele Dinge zu tun. Fokus ist, die richtigen Dinge zu tun und alles andere zu ignorieren.

Die 80/20-Regel (Pareto-Prinzip)

Vilfredo Pareto, ein italienischer Ökonom, bemerkte: 80 Prozent der Ergebnisse kommen von 20 Prozent der Anstrengungen.

Das gilt überall.

80 Prozent deines Umsatzes kommen von 20 Prozent deiner Kunden. 80 Prozent deiner Zufriedenheit kommt von 20 Prozent deiner Aktivitäten. 80 Prozent deiner Probleme kommen von 20 Prozent der Ursachen.

Die Frage ist: Welche 20 Prozent?

Die meisten Menschen verschwenden 80 Prozent ihrer Zeit mit Dingen, die nur 20 Prozent des Ergebnisses bringen. Sie machen viel. Sie schaffen wenig.

Die Lösung: Identifiziere die 20 Prozent, die 80 Prozent des Ergebnisses bringen. Dann verdoppele die Zeit, die du darauf verwendest. Und eliminiere den Rest.

Beispiel: Du bist Verkäufer. 20 Prozent deiner Kunden bringen 80 Prozent des Umsatzes. Verbringe mehr Zeit mit diesen Kunden. Weniger Zeit mit dem Rest.

Beispiel: Du schreibst. 20 Prozent deiner Artikel bringen 80 Prozent der Leser. Schreibe mehr von dieser Art Artikel. Weniger von dem Rest.

AHA-MOMENT: Produktivität ist nicht, mehr zu tun. Es ist, die richtigen Dinge zu tun und die falschen zu eliminieren. Finde deine 20 Prozent. Alles andere ist Lärm.

Die Macht der Routine (oder: Warum Disziplin Motivation schlägt)

Motivation ist eine Lüge. Sie kommt und geht. Heute fühlst du dich motiviert. Morgen nicht. Du kannst dich nicht auf Motivation verlassen.

Disziplin schlägt Motivation. Jeden Tag.

Und Disziplin kommt von Routinen. Automatisierten Abläufen, die du machst, egal wie du dich fühlst.

Du putzt deine Zähne nicht, weil du motiviert bist. Du tust es, weil es eine Routine ist. Du denkst nicht drüber nach. Du machst es einfach.

Dasselbe gilt für Produktivität.

Wenn du jeden Morgen um 6 Uhr aufstehst, Kaffee machst und eine Stunde an deinem wichtigsten Projekt arbeitest – das ist eine Routine. Nach ein paar Wochen ist es Automatismus. Du denkst nicht mehr drüber nach. Du tust es einfach.

Die beste Morgenroutine:

1. Aufwachen zur gleichen Zeit (ja, auch am Wochenende).
2. Kein Handy für die erste Stunde (seriously, das ist ein Game-Changer).
3. Wasser trinken (dein Körper ist dehydriert nach der Nacht).
4. Frosch essen (wichtigste Aufgabe zuerst).

Das war's. Keine komplizierten Rituale. Keine „Meditiere 30 Minuten und mach Yoga und schreib ein Dankbarkeitstagebuch." Einfach. Praktisch. Machbar.

PROBIER'S AUS: Wähle eine Gewohnheit, die du etablieren willst. Eine. Nicht fünf. Eine. Dann mach sie 30 Tage lang. Jeden Tag. Egal wie du dich fühlst. Nach 30 Tagen ist sie Teil von dir. Keine Willenskraft mehr nötig. Nur Routine.

Die digitale Entgiftung (oder: Dein Handy ist dein Feind)

Hier ist die unbequeme Wahrheit: Dein Smartphone ist designed, um dich süchtig zu machen.

Jede App wurde von den klügsten Psychologen und Ingenieuren optimiert, um deine Aufmerksamkeit zu fesseln. Infinite Scroll. Push-Benachrichtigungen. Rote Zahlen. Likes. Das ist kein Zufall. Das ist Absicht.

Dein Handy ist ein Aufmerksamkeits-Vampir. Es saugt deine Fokuszeit auf. Und du merkst es nicht mal.

Studien zeigen: Die bloße Anwesenheit deines Handys – selbst wenn es ausgeschaltet ist – reduziert deine kognitive Leistung. Dein Gehirn weiß, dass es da ist. Ein Teil deiner Aufmerksamkeit ist ständig darauf gerichtet, nicht aufs Handy zu schauen.

Die Lösung: Radikale Trennung.

Wenn du arbeitest, muss das Handy weg. Nicht lautlos. Nicht umgedreht. Weg. In einen anderen Raum. Oder in eine Schublade.

Deaktiviere alle nicht-essentiellen Benachrichtigungen. Niemand braucht eine Benachrichtigung, dass jemand deinen Instagram-Post geliked hat. Niemand.

SCHNELLWISSEN: Der durchschnittliche Mensch checkt sein Handy 96 Mal am Tag. Das ist alle 10 Minuten. Jedes Mal reißt es dich aus dem Fokus. Und jedes Mal brauchst du 23 Minuten, um wieder voll konzentriert zu sein. Du kannst nicht produktiv sein, wenn du alle 10 Minuten unterbrochen wirst.

Das große Bild

Produktivität ist kein Zufall. Es ist ein System.

Die Zwei-Minuten-Regel eliminiert Prokrastination. Pomodoro arbeitet mit deinem Gehirn, nicht dagegen. Eat the Frog nutzt deine Willenskraft optimal. Die Eisenhower-Matrix sortiert Wichtiges von Dringendem. Nein sagen schützt deine Zeit. Zeitblockierung gibt dir Kontrolle. Die Zwei-Listen-Strategie bringt Fokus. Die 80/20-Regel maximiert Ergebnisse. Routinen eliminieren Entscheidungen. Digitale Entgiftung rettet deine Konzentration.

Du musst nicht alles auf einmal machen. Das wäre überwältigend. Wähle eine Technik. Eine. Probiere sie zwei Wochen. Wenn sie funktioniert, behalte sie. Wenn nicht, probiere die nächste.

Produktivität ist keine Persönlichkeitseigenschaft. Es ist kein Talent. Es ist eine Fähigkeit. Und Fähigkeiten kann man lernen.

Du sitzt immer noch auf dem Klo? Gut. Dann hast du gerade mehr über Produktivität gelernt als in einem Seminar, das 500 Euro kostet.

Die Frage ist: Machst du was draus?

Oder liest du das nächste Produktivitäts-Buch, hoffend, dass die Motivation irgendwann kommt?

Spoiler: Sie kommt nicht.

Fang an. Jetzt. Zwei Minuten.

Los.

12
Kunst verstehen für Anfänger

Kunst ist nicht das, was du denkst. Es ist nicht „schön“ oder „hässlich“. Es ist nicht „Ich mag es“ oder „Ich verstehe es nicht“. Kunst ist Kommunikation. Eine Sprache, die ohne Worte funktioniert.

Das Problem: Niemand hat dir diese Sprache beigebracht. In der Schule hast du Jahreszahlen auswendig gelernt. „Picasso, 1881–1973.“ Toll. Hilft dir null, wenn du vor einem Gemälde stehst und denkst: „Was zur Hölle soll das?“

Hier ist die Wahrheit: Kunst verstehen ist nicht schwer. Du musst nur wissen, worauf du achten sollst. Und warum Menschen überhaupt angefangen haben, Dinge zu malen, zu bauen, zu erschaffen.

Willkommen beim Kunst-Crashkurs für Menschen, die keine Zeit für Kunstgeschichte haben, aber trotzdem mitreden wollen.

Höhlenmalerei: Als Menschen anfingen zu erzählen (40.000 v. Chr.)

Vor 40.000 Jahren saß jemand in einer Höhle in Frankreich oder Spanien, nahm verbrannte Kohle und zermahlene Erdpigmente und malte an die Wand. Bisons. Pferde. Hände.

Warum? Niemand weiß es sicher. Aber hier sind die Theorien:

Magie und Jagd: Vielleicht glaubten sie, dass das Malen eines Tieres ihnen half, es zu jagen. Sympathiemagie. „Ich male den Bison, also kontrolliere ich den Bison.“

Storytelling: Vielleicht erzählten sie Geschichten. „Hier haben wir das Mammut gejagt. Hier ist es gefallen.“

Religiöse Rituale: Vielleicht waren die Höhlen heilige Orte. Tempel. Die Malereien waren Opfergaben an Götter oder Geister.

Wir wissen es nicht. Aber wir wissen: Menschen hatten das Bedürfnis, ihre Erfahrungen festzuhalten. Lange bevor es Schrift gab. Bilder waren die erste Sprache.

AHA-MOMENT: Die Höhlenmalereien in Lascaux, Frankreich, sind etwa 17.000 Jahre alt. Sie sind technisch brillant. Perspektive. Bewegung. Schattierung. Diese Menschen waren keine primitiven Höhlenmenschen. Sie waren Künstler.

Antike Kunst: Als Götter perfekt sein mussten (3000 v. Chr. – 500 n. Chr.)

Die Ägypter, Griechen und Römer hatten klare Regeln für Kunst. Götter und Könige mussten perfekt aussehen. Symmetrisch. Idealisiert. Keine Falten. Keine Fehler.

Ägyptische Kunst ist flach. Zweidimensional. Menschen werden im Profil dargestellt, aber mit frontalen Schultern. Warum? Weil sie alles zeigen wollten. Das wichtigste Merkmal jeder Körperpartie.

Griechische Kunst wurde realistischer. Die Skulpturen sahen aus wie echte Menschen. Aber perfekte Menschen. Athletisch. Symmetrisch. Das war das Ideal. Schönheit war Perfektion.

Die Römer kopierten die Griechen. Aber sie fügten etwas hinzu: Porträts. Echte Menschen. Mit Falten. Mit krummen Nasen. Mit Fehlern. Weil Realismus wichtiger wurde als Idealismus.

SCHNELLWISSEN: Die meisten antiken griechischen Statuen waren bemalt. Knallbunt. Rot, blau, gold. Aber die Farbe ist über Jahrhunderte verblasst. Wir sehen nur das weiße Marmor und denken, das war das Original. War es nicht. Die Antike war viel bunter, als wir denken.

Mittelalter: Als Kunst flach wurde (500–1400 n. Chr.)

Nach dem Fall Roms wurde Kunst religiös. Die katholische Kirche dominierte Europa. Und die Kirche hatte klare Vorstellungen, wie Kunst auszusehen hatte.

Menschen wurden flach dargestellt. Keine Perspektive. Keine Tiefe. Große Augen. Starre Posen. Warum? Weil es nicht um Realismus ging. Es ging um das Spirituelle. Um die Seele, nicht den Körper.

Jesus, Maria, Heilige – alle sahen ähnlich aus. Goldhintergründe. Halos. Symbolik überall. Ein Lamm bedeutet Jesus. Eine Lilie bedeutet Reinheit. Eine Taube ist der Heilige Geist.

Kunst war Bildung. Die meisten Menschen konnten nicht lesen. Aber sie konnten Bilder sehen. Die Kirche nutzte Kunst, um Geschichten zu erzählen. Biblische Szenen an den Wänden. Das war Netflix für das Mittelalter.

AHA-MOMENT: Mittelalterliche Kunst sieht „schlecht" aus im Vergleich zur Antike. Aber das war Absicht. Sie wollten nicht realistisch sein. Sie wollten spirituell sein. Verschiedene Ziele, verschiedene Stile.

Renaissance: Als Menschen wieder Menschen wurden (1400–1600)

Dann passierte die Renaissance. „Wiedergeburt." Europa erwachte. Menschen studierten die Antike. Sie entdeckten Perspektive. Anatomie. Licht und Schatten.

Leonardo da Vinci sezierte Leichen, um zu verstehen, wie Muskeln funktionieren. Michelangelo verbrachte Jahre damit, den menschlichen Körper zu studieren. Die Kunst wurde wissenschaftlich.

Die Mona Lisa ist berühmt, nicht wegen ihrer Schönheit, sondern wegen der Technik. Sfumato – weiche Übergänge, keine harten Linien. Das Lächeln ist mehrdeutig. Du weißt nicht, ob sie lächelt oder nicht. Das ist Absicht. Leonardo wollte Ambiguität.

Michelangelos David ist technisch perfekt. Jeder Muskel ist anatomisch korrekt. Die Venen an den Händen. Die Spannung in den Schultern. Das ist keine Statue. Das ist ein gefrorener Mensch.

Die Renaissance sagte: Menschen sind wichtig. Nicht nur Götter. Nicht nur Heilige. Menschen. Mit Gedanken, Gefühlen, Körpern. Das war revolutionär.

Barock: Als Kunst dramatisch wurde (1600–1750)

Nach der Renaissance kam das Barock. Mehr Drama. Mehr Bewegung. Mehr Emotion.

Caravaggio benutzte Chiaroscuro – extremer Kontrast zwischen Licht und Dunkel. Seine Gemälde sehen aus wie Theaterszenen. Ein Scheinwerfer beleuchtet die Hauptfigur. Der Rest ist Dunkelheit.

Barock-Kunst will dich bewegen. Emotional. Sie will, dass du fühlst. Angst. Freude. Ehrfurcht. Es ist keine ruhige, kontemplative Kunst. Es ist laut. Intensiv. In-your-face.

Die katholische Kirche liebte Barock. Warum? Weil die protestantische Reformation die Kirche angegriffen hatte. Die Kirche kämpfte zurück. Mit Kunst. „Schau, wie glorreich Gott ist! Schau, wie dramatisch, wie mächtig!"

Propaganda durch Schönheit. Funktioniert immer.

Impressionismus: Als Kunst verschwommen wurde (1860–1890)

Jahrhundertelang malten Künstler im Studio. Sie arbeiteten an perfekten Details. Harte Linien. Klare Formen.

Dann kamen die Impressionisten. Monet, Renoir, Degas. Sie gingen raus. Sie malten draußen. En plein air. Sie versuchten, den Moment einzufangen. Das Licht. Die Atmosphäre.

Wenn du nah an ein impressionistisches Gemälde gehst, siehst du: Flecken. Striche. Chaos. Aber wenn du zurücktrittst? Plötzlich wird es zu einer Szenerie. Ein Sonnenuntergang. Ein Seerosenteich. Magie.

Die Kunstkritiker hassten es. „Das ist keine Kunst! Das sind Skizzen! Unfertig!" Aber die Impressionisten sagten: „Genau darum geht es. Wir malen nicht die Realität. Wir malen, wie wir die Realität wahrnehmen."

Das war radikal. Kunst ging von „Was ist da?" zu „Wie fühlt es sich an?"

PROBIER‘S AUS: Google „Monet Seerosen.“ Zoom nah ran. Du siehst: Chaos. Farbkleckse. Zoom raus. Du siehst: Wasser, Blumen, Licht. Das ist Impressionismus. Nicht die Details, sondern der Eindruck.

Moderne Kunst: Als Regeln zerbrachen (1900–1970)

Dann explodierte alles.

Picasso zerbrach die Perspektive. Kubismus. Ein Gesicht von allen Seiten gleichzeitig. Vorne, Seite, oben. Alles in einem Bild. Sieht aus wie ein Albtraum. Ist aber brillant.

Kandinsky malte komplett abstrakt. Keine erkennbaren Objekte. Nur Formen, Farben, Linien. Er sagte: „Musik braucht keine erkennbaren Objekte. Warum sollte Malerei?“

Duchamp stellte ein Urinal in eine Galerie und nannte es Kunst. „Fountain.“ Die Kunstwelt flippte aus. „Das ist keine Kunst! Das ist ein Pissoir!“ Duchamp sagte: „Wenn ich es Kunst nenne und in eine Galerie stelle, ist es Kunst.“

Das war der Tod der traditionellen Kunst. Plötzlich konnte alles Kunst sein. Wenn der Künstler sagt, es ist Kunst, ist es Kunst.

Viele Menschen hassen moderne Kunst. „Mein Kind könnte das malen!“ Vielleicht. Aber dein Kind hat es nicht getan. Und dein Kind hatte nicht die Idee, es als Kunst zu präsentieren. Das ist der Punkt.

AHA-MOMENT: Moderne Kunst ist nicht über Können. Es ist über Konzept. Die Frage ist nicht „Ist das technisch gut gemalt?“ Die Frage ist „Was sagt es? Was fühle ich? Was denke ich?“

Pop Art: Als Werbung Kunst wurde (1950–1970)

Andy Warhol malte Campbell‘s Suppendosen. Marilyn Monroe. Coca-Cola-Flaschen. Dinge aus der Popkultur. Dinge, die jeder kannte.

Die Kunstwelt war entsetzt. „Das ist keine Kunst! Das ist Kommerz!“ Warhol sagte: „Genau. Kommerz ist die neue Kunst.“

Er hatte recht. Wir leben in einer Welt der Werbung, der Marken, der Bilder. Warhol machte diese Welt zu Kunst.

Pop Art war demokratisch. Jeder konnte sie verstehen. Du brauchtest keine Kunstgeschichte-Studium. Du sahst eine Suppendose und wusstest: Das ist eine Suppendose.

Und doch war es mehr. Warhol stellte Fragen: „Warum sind wir besessen von Prominenten? Warum konsumieren wir Marken? Was ist der Unterschied zwischen einem Produkt und einem Kunstwerk?“

Keine Antworten. Nur Fragen. Aber gute Fragen.

Zeitgenössische Kunst: Als alles möglich wurde (1970–heute)

Heute gibt es keine Regeln mehr. Performance-Kunst. Installations-Kunst. Digitale Kunst. Kunst aus Müll. Kunst, die du nicht anfassen kannst. Kunst, die nur in deinem Kopf existiert.

Banksy sprüht Graffiti an Wände und verkauft sie für Millionen. Damien Hirst konserviert einen Hai in Formaldehyd und nennt es „Die physische Unmöglichkeit des Todes im Bewusstsein von jemandem Lebendigem.“

Ist das Kunst? Die Antwort ist: Es ist egal. Die Frage ist: Macht es dich denken? Macht es dich fühlen? Dann hat es funktioniert.

NFTs: Als Pixel Millionen wert wurden (2021–heute)

Und dann kamen NFTs. Non-Fungible Tokens. Digitale Kunst, die auf der Blockchain gespeichert ist.

Jemand hat einen digitalen Affen gemalt. Bored Ape Yacht Club. Verkauft für Millionen. Ein Pixel-Kunstwerk von Beeple wurde für 69 Millionen Dollar versteigert.

Die Welt fragte: „Warum? Es ist nur ein JPEG. Ich kann es kopieren. Ich kann es runterladen.“

Richtig. Aber du besitzt es nicht. Der Käufer besitzt das Original. Das Zertifikat. Die Blockchain sagt: „Diese Person ist der Eigentümer.“

Ist das dumm? Vielleicht. Ist das die Zukunft? Vielleicht auch.

Denk dran: Die Mona Lisa ist nur Farbe auf Leinwand. Aber sie ist 800 Millionen Dollar wert. Warum? Weil Menschen ihr Wert zuschreiben.

NFTs sind dasselbe. Wert ist subjektiv. Wenn genug Menschen glauben, dass etwas wertvoll ist, ist es wertvoll.

SCHNELLWISSEN: Der NFT-Markt ist 2022 kollabiert. Millionen Dollar wurden verbrannt. Viele NFTs sind jetzt wertlos. War es eine Blase? Ja. Ist digitale Kunst tot? Nein. Die Technologie bleibt. Die Spekulation nicht.

Was macht Kunst wertvoll?

Hier ist die unbequeme Wahrheit: Kunst ist wert, was Menschen bereit sind zu zahlen. Nicht mehr. Nicht weniger.

Ein Gemälde von Van Gogh kostet Millionen. Warum? Nicht weil es schön ist. Viele Gemälde sind schön. Sondern weil:

- Van Gogh berühmt ist.
- Es selten ist (er ist tot, kann keine neuen malen).
- Reiche Menschen es als Statussymbol wollen.
- Museen konkurrieren, um es zu besitzen.

Das ist keine Kunst-Bewertung. Das ist Ökonomie.

Van Gogh hat zu Lebzeiten fast nichts verkauft. Er starb arm. Heute sind seine Werke unbezahlbar. Hat sich die Kunst geändert? Nein. Die Wahrnehmung hat sich geändert.

AHA-MOMENT: Kunst hat keinen objektiven Wert. Nur sozialen Wert. Menschen entscheiden, was wichtig ist. Und diese Entscheidungen ändern sich mit der Zeit.

Wie man Kunst „versteht“

Hier ist das Geheimnis: Es gibt kein „Verstehen.“ Es gibt nur Reagieren.

Wenn du vor einem Kunstwerk stehst, frag dich nicht: „Was soll das bedeuten?“ Frag dich: „Was fühle ich?“

Macht es dich traurig? Wütend? Verwirrt? Neugierig? Das ist die Antwort.

Kunst ist kein Rätsel mit einer richtigen Lösung. Kunst ist ein Spiegel. Du siehst, was du siehst. Und das ist okay.

Wenn jemand sagt: „Du verstehst es nicht“, haben sie Unrecht. Es gibt nichts zu verstehen. Es gibt nur zu erleben.

Das große Bild

Kunst hat sich verändert. Von Höhlenwänden zu digitalen Pixeln. Von religiösen Ikonen zu Suppendosen. Von perfekten Göttern zu abstrakten Formen.

Aber der Kern bleibt derselbe: Menschen wollen kommunizieren. Geschichten erzählen. Emotionen teilen. Bedeutung schaffen.

Du musst nicht jedes Kunstwerk mögen. Du musst nicht jede Bewegung verstehen. Du musst nur wissen: Kunst ist menschlich. Chaotisch. Subjektiv. Und genau deshalb ist sie wichtig.

Du sitzt auf dem Klo und liest über Kunst. Vielleicht denkst du: „Wann werde ich das jemals brauchen?“

Beim nächsten Museumsbesuch. Beim nächsten Date. Beim nächsten Gespräch, wo jemand sagt: „Moderne Kunst ist Müll.“

Dann sagst du: „Meinst du konzeptuelle Kunst oder abstrakte? Weil das sind zwei verschiedene Dinge."

Und plötzlich bist du interessant.

Kunst verstehen bedeutet nicht, alle Fakten zu kennen. Es bedeutet, die Sprache zu sprechen.

Und jetzt sprichst du sie.

Ein bisschen.

Das reicht.

13
Emotionale Intelligenz schärfen

IQ macht dich schlau. EQ macht dich erfolgreich.

Emotionale Intelligenz ist nicht das, was du in der Schule gelernt hast. Niemand hat dir beigebracht, wie man mit Wut umgeht, Enttäuschung verarbeitet oder erkennt, wenn jemand lügt, obwohl er lächelt. Stattdessen hast du Algebra gelernt. Sehr nützlich beim nächsten Streit mit deinem Partner.

Hier ist die Wahrheit: Menschen mit hoher emotionaler Intelligenz verdienen mehr, haben bessere Beziehungen, sind glücklicher und leben länger. Nicht weil sie schlauer sind. Sondern weil sie Menschen verstehen. Sich selbst. Und andere.

Das Gute: Emotionale Intelligenz ist kein angeborenes Talent. Es ist eine Fähigkeit. Und du kannst sie trainieren.

Willkommen beim EQ-Bootcamp für Menschen, die aufhören wollen, emotional durch die Welt zu stolpern.

Was ist emotionale Intelligenz überhaupt?

Emotionale Intelligenz hat vier Komponenten. Daniel Goleman, der Typ der das Konzept populär gemacht hat, nennt sie:

1. Selbstwahrnehmung: Du erkennst deine eigenen Emotionen. Während sie passieren. Nicht drei Stunden später.

2. Selbstmanagement: Du kontrollierst deine Emotionen. Du explodierst nicht bei jeder Kleinigkeit. Du entscheidest, wie du reagierst.

3. Soziales Bewusstsein: Du erkennst die Emotionen anderer. Du liest den Raum. Du spürst, wenn etwas nicht stimmt.

4. Beziehungsmanagement: Du nutzt emotionale Informationen, um Beziehungen zu stärken. Du kommunizierst klar. Du löst Konflikte. Du baust Vertrauen auf.

Klingt simpel. Ist es nicht. Die meisten Menschen scheitern an Punkt eins.

Selbstwahrnehmung: Kenne deine Gefühle, bevor sie dich kontrollieren

Du bist wütend. Aber du merkst es erst, wenn du schon schreist. Du bist traurig. Aber du merkst es erst, wenn du heulend im Bett liegst. Du bist ängstlich. Aber du merkst es erst, wenn die Panikattacke da ist.

Das ist das Problem. Deine Emotionen sind schneller als dein Bewusstsein. Dein limbisches System – der emotionale Teil deines Gehirns – reagiert in Millisekunden. Dein rationaler Verstand? Der braucht Sekunden. Manchmal Minuten.

Das bedeutet: Wenn du deine Emotion erst bemerkst, nachdem du reagiert hast, ist es zu spät.

Die Lösung: Lerne, früher zu bemerken.

PROBIER'S AUS: Pause-Button-Übung. Das nächste Mal, wenn eine starke Emotion kommt, stoppe. Buchstäblich. Halt inne. Dann frag dich: „Was fühle ich gerade? Wo fühle ich es in meinem Körper?"

Wut? Meistens in der Brust. Ein Druck. Hitze. Angst? Im Bauch. Enge. Flattern. Traurigkeit? Im Hals. Schwere.

Wenn du die Emotion im Körper lokalisieren kannst, hast du einen Moment Abstand gewonnen. Und in diesem Moment kannst du entscheiden: Wie will ich reagieren?

AHA-MOMENT: Du bist nicht deine Emotionen. Du hast Emotionen. Wenn du sagst „Ich bin wütend“, identifizierst du dich mit der Wut. Wenn du sagst „Ich fühle Wut“, schaffst du Distanz. Die Wut ist da. Aber sie ist nicht du. Dieser Unterschied ist riesig.

Emotionen benennen: Wörter geben dir Macht

Es gibt ein Konzept namens „affektives Labeling." Klingt kompliziert, ist es nicht. Es bedeutet: Wenn du deine Emotion benennen kannst, reduzierst du ihre Intensität.

Studien zeigen: Menschen, die sagen „Ich fühle Wut" oder „Ich fühle Angst", erleben die Emotion weniger intensiv als Menschen, die nur sagen „Ich fühle mich schlecht."

Warum? Weil das Benennen den präfrontalen Kortex aktiviert – den rationalen Teil des Gehirns. Und das dämpft die Amygdala – den emotionalen Alarm.

Aber hier ist der Trick: Du brauchst ein größeres Vokabular.

Die meisten Menschen haben drei Kategorien: „Gut", „Schlecht", „Meh". Das ist wie mit drei Buntstiften ein Gemälde malen. Du brauchst Nuancen.

Statt „schlecht": Frustriert? Enttäuscht? Überfordert? Erschöpft? Gelangweilt? Einsam? Ängstlich? Nervös? Schuldig? Beschämt?

Jede dieser Emotionen braucht eine andere Reaktion. Frustriert? Mach eine Pause. Enttäuscht? Justiere deine Erwartungen. Überfordert? Priorisiere. Erschöpft? Schlaf.

Wenn du nur „schlecht" sagst, weißt du nicht, was du brauchst.

SCHNELLWISSEN: Es gibt ein Konzept in der Psychologie namens „Alexithymie" – die Unfähigkeit, Emotionen zu identifizieren und zu beschreiben. Etwa 10 Prozent der Bevölkerung haben das. Sie fühlen Emotionen, aber sie können sie nicht benennen. Für sie ist emotionale Intelligenz extrem schwer. Für den Rest von uns? Trainierbar.

Selbstmanagement: Fühlen ist okay. Reagieren ist eine Wahl.

Du kannst nicht kontrollieren, was du fühlst. Aber du kannst kontrollieren, was du tust.

Jemand schneidet dich im Verkehr. Wut kommt sofort. Automatisch. Das ist nicht deine Schuld. Dein Gehirn schüttet Adrenalin und Cortisol aus. Kampf-oder-Flucht.

Aber was du als Nächstes tust? Das ist deine Entscheidung.

Hupst du? Schreist du? Verfolgst du das Auto und brüllst Beleidigungen? Oder atmest du durch und lässt es gehen?

Die Emotion ist da. Die Reaktion ist optional.

Das ist Selbstmanagement.

Die 10-Sekunden-Regel: Wenn eine starke Emotion kommt, zähle bis zehn. Langsam. Atme tief. Gib deinem präfrontalen Kortex Zeit, online zu kommen.

Die meisten impulsiven Reaktionen passieren in den ersten fünf Sekunden. Die E-Mail, die du im Zorn schreibst. Das Wort, das du im Streit sagst und nie zurücknehmen kannst. Der Kauf, den du bereust.

Zehn Sekunden. Das ist oft genug, um einen Fehler zu vermeiden.

PROBIER‘S AUS: Wenn du das nächste Mal wütend bist und eine Nachricht tippen willst, schreib sie. Aber schick sie nicht. Warte zehn Minuten. Dann lies sie nochmal. 90 Prozent der Zeit wirst du denken: „Gut, dass ich das nicht abgeschickt habe.“

Empathie: Die Welt durch die Augen anderer sehen

Empathie ist nicht Sympathie. Sympathie ist: „Das tut mir leid für dich.“ Empathie ist: „Ich verstehe, wie du dich fühlst.“

Der Unterschied ist riesig.

Sympathie schafft Distanz. Du bist hier, das Problem ist dort. Empathie schafft Verbindung. Du versuchst, die Perspektive der anderen Person einzunehmen.

Aber echte Empathie ist schwer. Weil dein Gehirn ständig deine eigene Perspektive in den Vordergrund drängt.

Jemand erzählt dir ein Problem. Dein Gehirn denkt sofort: „Wie würde ich mich fühlen? Was würde ich tun?“ Und dann projizierst du das auf die andere Person.

Aber die andere Person ist nicht du. Sie hat andere Werte. Andere Ängste. Andere Prioritäten.

Die Frage, die alles ändert: Statt zu fragen „Was würde ich tun?“, frag: „Warum macht diese Person das, was sie tut?“

Dein Partner lässt ständig Socken rumliegen. Du denkst: „Faul. Respektlos.“

Aber warum tut er/sie das wirklich? Vielleicht wurde er/sie so erzogen und denkt nicht drüber nach. Vielleicht ist er/sie so gestresst, dass kleine Dinge durchrutschen. Vielleicht hat er/sie einfach andere Prioritäten.

Wenn du verstehst, warum, ändert sich deine Reaktion. Statt Wut kommt Verständnis. Und Verständnis ist die Basis für Lösungen.

AHA-MOMENT: Menschen tun selten Dinge, um dich zu verletzen. Meistens tun sie Dinge aus ihren eigenen Gründen, und du bist Kollateralschaden. Das zu verstehen macht dich weniger defensiv und mehr lösungsorientiert.

Aktives Zuhören: Hör zu, um zu verstehen – nicht um zu antworten

Die meisten Menschen hören nicht zu. Sie warten nur, bis sie selbst reden können.

Du erzählst eine Geschichte. Die andere Person nickt. Aber du siehst es in ihren Augen: Sie denken schon an ihre Antwort. Sie warten auf eine Pause, um ihre eigene Geschichte zu erzählen.

Das ist kein Zuhören. Das ist Warten.

Aktives Zuhören ist anders. Du fokussierst dich komplett auf die andere Person. Nicht auf deine Antwort. Auf sie.

Die Technik:

1. Augenkontakt. Zeig, dass du präsent bist.
2. Nicken. Bestätige, dass du folgst.
3. Paraphrasieren. „Wenn ich dich richtig verstehe, fühlst du dich..."
4. Fragen stellen. Nicht um zu challengen, sondern um zu verstehen. „Was meinst du mit...?" „Wie hast du dich dabei gefühlt?"
5. Nicht unterbrechen. Selbst wenn du die Lösung schon kennst. Lass sie ausreden.

Hier ist das Verrückte: Wenn du wirklich zuhörst, musst du oft gar nichts sagen. Menschen wollen nicht immer Lösungen. Sie wollen gehört werden.

SCHNELLWISSEN: Studien zeigen: Menschen, die sich gehört fühlen, bewerten Gespräche als erfolgreicher – selbst wenn kein Problem gelöst wurde. Das Gefühl, verstanden zu werden, ist wertvoller als Ratschläge.

Konflikte lösen: Gewinnen ist nicht das Ziel

In Konflikten gibt es zwei Modi: Gewinnen oder Lösen.

Gewinnen-Modus: Ich habe recht. Du liegst falsch. Ich muss dich überzeugen. Ich muss den Konflikt „gewinnen."

Lösen-Modus: Wir haben ein Problem. Wie finden wir eine Lösung, die für beide funktioniert?

Die meisten Menschen sind im Gewinnen-Modus. Und deshalb eskalieren Konflikte.

Hier ist die Wahrheit: Wenn du einen Streit „gewinnst", verlierst du die Beziehung. Die andere Person fühlt sich besiegt. Gedemütigt. Und das vergisst sie nicht.

Die Lösung: Kooperative Konfliktlösung.

Die Formel:

1. Emotionen benennen. „Ich fühle mich frustriert, weil..."
2. Das Verhalten beschreiben, nicht die Person angreifen. „Wenn du spät kommst..." statt „Du bist immer unpünktlich."
3. Das Bedürfnis erklären. „Ich brauche Verlässlichkeit, weil..."
4. Um Zusammenarbeit bitten. „Können wir gemeinsam eine Lösung finden?"

Das funktioniert nicht immer. Manche Menschen wollen kämpfen. Aber wenn beide Menschen emotional intelligent sind? Konflikte werden zu Gesprächen. Und Gespräche führen zu Lösungen.

PROBIER'S AUS: Das nächste Mal, wenn ein Konflikt entsteht, sag nicht „Du machst immer..." sondern „Ich fühle mich... wenn..." Beobachte, wie sich die Dynamik ändert. Plötzlich bist du nicht mehr Ankläger. Du bist ein Mensch mit Gefühlen. Und das macht dich nahbarer.

Grenzen setzen: Nein sagen, ohne die Beziehung zu zerstören

Emotionale Intelligenz bedeutet nicht, immer nett zu sein. Es bedeutet, klar zu sein.

Menschen mit niedriger EQ können keine Grenzen setzen. Sie sagen Ja, obwohl sie Nein meinen. Sie übernehmen zu viel. Sie brennen aus. Und dann sind sie wütend auf die anderen – obwohl sie selbst nicht Nein gesagt haben.

Grenzen sind nicht gemein. Grenzen sind gesund.

Wie man Nein sagt, ohne ein Arschloch zu sein:

Schlecht: „Nein, ich habe keine Lust." Besser: „Ich würde gerne, aber ich habe mich schon für etwas anderes verpflichtet." Noch besser: „Danke, dass du an mich gedacht hast. Ich kann dieses Mal nicht, aber ich schätze die Anfrage."

Du gibst einen Grund (muss nicht detailliert sein). Du zeigst Wertschätzung. Du bleibst freundlich. Aber du sagst Nein.

Und hier ist das Geheimnis: Die meisten Menschen akzeptieren ein klares Nein. Sie respektieren es sogar. Was sie nicht respektieren, ist ein halbherziges Ja, gefolgt von schlechter Leistung oder Ressentiments.

AHA-MOMENT: Jedes Ja zu etwas ist ein Nein zu etwas anderem. Wenn du Ja sagst zu Überstunden, sagst du Nein zu deiner Familie. Wenn du dir dessen bewusst bist, werden deine Entscheidungen klarer.

Emotionale Ansteckung: Du bist, mit wem du Zeit verbringst

Emotionen sind ansteckend. Wissenschaftlich bewiesen. Wenn du Zeit mit negativen Menschen verbringst, wirst du negativer. Wenn du Zeit mit positiven Menschen verbringst, wirst du positiver.

Das ist emotionale Ansteckung. Dein Gehirn spiegelt unbewusst die Emotionen der Menschen um dich herum. Spiegelneuronen. Empathie auf Autopilot.

Das Problem: Du merkst es nicht. Du denkst, du bist einfach schlecht gelaunt. Aber in Wahrheit hast du drei Stunden mit jemandem verbracht, der ständig jammert. Und jetzt jammerst du auch.

Die Lösung: Sei wählerisch, mit wem du Zeit verbringst.

Das bedeutet nicht, dass du nur fröhliche Menschen um dich haben sollst. Das wäre unrealistisch. Aber achte auf das Verhältnis. Wenn 80 Prozent deiner sozialen Zeit mit negativen Menschen verbracht wird, wirst du negativ.

SCHNELLWISSEN: Es gibt ein Konzept in der Psychologie: „Emotionales Kapital." Manche Menschen geben dir Energie. Andere nehmen sie. Nach einem Gespräch mit ihnen fühlst du dich ausgelaugt. Das sind emotionale

Vampire. Du musst nicht alle aus deinem Leben schneiden. Aber limitiere die Zeit.

Das große Bild

Emotionale Intelligenz ist die wichtigste Fähigkeit, die niemand dir beigebracht hat.

Sie entscheidet, ob du erfolgreich bist im Job. Ob deine Beziehungen halten. Ob du glücklich bist. Ob du mit Stress umgehen kannst.

IQ bringt dich zur Uni. EQ bringt dich durchs Leben.

Die gute Nachricht: Du kannst besser werden. Jeden Tag. Mit jeder Interaktion.

Fang an, deine Emotionen zu benennen. Pause, bevor du reagierst. Höre wirklich zu. Stelle Fragen. Setze Grenzen. Wähle deine Umgebung bewusst.

Das sind keine großen, dramatischen Änderungen. Das sind kleine, tägliche Praktiken.

Aber über Wochen, Monate, Jahre? Sie verwandeln dich.

Du wirst ruhiger in Konflikten. Klarer in Entscheidungen. Präsenter in Beziehungen. Verbundener mit Menschen.

Du wirst nicht perfekt. Niemand ist das. Aber du wirst besser.

Und besser reicht.

Du sitzt auf dem Klo. Vielleicht denkst du gerade an eine Person, mit der du Probleme hast. Einen Konflikt, den du vermeidest. Ein Gespräch, das du führen solltest.

Hier ist deine Chance. Nicht später. Nicht „wenn die Zeit richtig ist."

Heute. Wenn du fertig bist hier.

Emotionale Intelligenz ist keine Theorie. Es ist Praxis.

Also praktiziere.

14 Kreativität entfesseln

Kreativität ist keine magische Gabe. Es ist kein Talent, mit dem manche geboren werden und andere nicht. Es ist ein Muskel. Und wie jeder Muskel wird er stärker, wenn du ihn trainierst. Und schwächer, wenn du ihn vernachlässigst.

Das Problem: Die meisten Menschen haben ihren Kreativitätsmuskel seit der Grundschule nicht mehr benutzt. Die Schule hat ihn getötet. „Bleib in den Linien. Folge den Regeln. Es gibt eine richtige Antwort."

Bullshit. Bei den wichtigsten Fragen im Leben gibt es keine richtige Antwort. Es gibt nur Möglichkeiten. Und die besten Möglichkeiten entstehen, wenn du kreativ denkst.

Willkommen beim Kreativitäts-Training für Menschen, die vergessen haben, dass sie kreativ sind.

Der Mythos vom kreativen Genie

Wir denken, Kreativität funktioniert so: Ein Genie sitzt da, plötzlich kommt die Erleuchtung, eine brillante Idee entsteht aus dem Nichts. Fertig.

Das ist Unsinn. Das ist Hollywood. Die Realität ist weniger glamourös.

Einstein entwickelte die Relativitätstheorie nicht an einem Nachmittag. Er arbeitete zehn Jahre daran. Versuch und Irrtum. Hunderte Seiten Berechnungen. Die meisten falsch.

Picasso malte nicht einfach „Guernica" in einem kreativen Rausch. Er machte über 60 Skizzen. Er probierte Perspektiven aus. Er verwarf Ideen. Er iterierte.

Thomas Edison testete über 1.000 Materialien, bevor er die Glühbirne zum Funktionieren brachte. Als jemand sagte „Du bist 1.000 Mal gescheitert", antwortete er: „Ich habe nicht 1.000 Mal versagt. Ich habe 1.000 Wege gefunden, die nicht funktionieren."

Das ist Kreativität. Nicht magische Inspiration. Arbeit. Versuch. Scheitern. Nochmal versuchen.

AHA-MOMENT: Der Mythos vom kreativen Genie hält Menschen davon ab, kreativ zu sein. Sie denken: „Ich bin nicht kreativ." Falsch. Du praktizierst Kreativität nur nicht. Das ist ein riesiger Unterschied.

Wie Kreativität wirklich funktioniert

Kreativität ist Verbindung. Das Gehirn nimmt zwei oder mehr Dinge, die nicht zusammengehören, und verknüpft sie. Plötzlich entsteht etwas Neues.

Der iPod war keine neue Erfindung. MP3-Player gab es schon. Was Apple tat: Sie verbanden einen MP3-Player mit einem einfachen Interface, einem stylischen Design und iTunes. Verbindung. Innovation.

Uber hat das Taxi nicht erfunden. Sie verbanden Taxis mit Smartphone-Apps und GPS. Verbindung. Disruption.

Instagram hat die Fotografie nicht erfunden. Sie verbanden Fotos mit Filtern und sozialem Teilen. Verbindung. Erfolg.

Das ist das Muster. Kreativität ist nicht Erschaffung aus dem Nichts. Es ist Rekombination von Bestehendem.

Steve Jobs sagte: „Kreativität ist, Dinge zu verbinden. Wenn du kreative Menschen fragst, wie sie etwas gemacht haben, fühlen sie sich ein bisschen schuldig, weil sie es nicht wirklich gemacht haben. Sie haben nur etwas gesehen. Nach einer Weile schien es ihnen offensichtlich."

Die zwei Modi: Diffuser und fokussierter Modus

Dein Gehirn hat zwei Kreativitätsmodi. Du brauchst beide.

Fokussierter Modus: Du konzentrierst dich auf ein Problem. Du denkst logisch. Du arbeitest Schritt für Schritt. Das ist der Modus, in dem du arbeitest, rechnest, analysierst.

Diffuser Modus: Dein Gehirn wandert. Du denkst an nichts Bestimmtes. Du bist unter der Dusche, gehst spazieren, starrst aus dem Fenster. Das ist der Modus, in dem Verbindungen entstehen.

Die besten Ideen kommen im diffusen Modus. Das ist der Grund, warum du unter der Dusche plötzlich die Lösung für ein Problem hast, über das du seit Tagen grübelst.

Im fokussierten Modus suchst du an den offensichtlichen Stellen. Im diffusen Modus springt dein Gehirn zu unerwarteten Verbindungen.

Das Problem: Die moderne Welt ist permanent im fokussierten Modus. Oder im abgelenkten Modus (Social Media). Der diffuse Modus – echtes Nichtstun, echtes Wandern der Gedanken – kommt nicht mehr vor.

PROBIER'S AUS: Nimm dir jeden Tag 15 Minuten für den diffusen Modus. Kein Handy. Kein Podcast. Keine Musik. Nur du und deine Gedanken. Geh spazieren. Starr an die Decke. Sitz im Park. Dein Gehirn braucht Raum, um Verbindungen zu machen.

Die Kreativitätskiller

Es gibt Dinge, die Kreativität töten. Systematisch. Effektiv. Und du tust wahrscheinlich jeden Tag mindestens drei davon.

Killer #1: Perfektionismus. Du willst, dass die Idee sofort perfekt ist. Also fängst du nicht an. Oder du verwirfst jede Idee, die nicht sofort brillant ist.

Die Wahrheit: Erste Entwürfe sind immer Scheiße. Erste Ideen sind meistens dumm. Das ist normal. Der Prozess ist: Viele schlechte Ideen haben, damit ein paar gute dabei sind.

Killer #2: Angst vor Bewertung. Du denkst: „Was werden andere denken?" Also hältst du deine Ideen für dich. Du teilst sie nicht. Du testest sie nicht.

Die Wahrheit: Die meisten Menschen sind zu beschäftigt mit ihren eigenen Problemen, um über deine Ideen zu urteilen. Und selbst wenn sie urteilen – wen interessiert's? Jede Innovation wurde anfangs belächelt.

Killer #3: Routine. Du machst jeden Tag dasselbe. Derselbe Weg zur Arbeit. Dasselbe Frühstück. Dieselben Gespräche. Dein Gehirn läuft auf Autopilot.

Die Wahrheit: Kreativität braucht neue Inputs. Wenn du immer dasselbe tust, denkst du immer dasselbe. Neue Erfahrungen = neue Verbindungen.

Killer #4: Sofortige Lösungen suchen. Ein Problem taucht auf, du googlest sofort die Antwort. Du lässt dein Gehirn nicht arbeiten.

Die Wahrheit: Wenn du die Lösung sofort findest, lernst du nichts. Dein Gehirn baut keine neuen Verbindungen. Kämpfe ein bisschen mit dem Problem, bevor du nach Antworten suchst.

SCHNELLWISSEN: Studien zeigen: Menschen sind kreativer nach dem Scheitern. Warum? Weil Scheitern das Gehirn zwingt, anders zu denken. Neue Wege zu finden. Wenn der erste Versuch funktioniert, lernst du nichts. Wenn er scheitert, musst du kreativ werden.

Die Brainstorming-Lüge

Brainstorming ist überall. Firmen machen es. Teams machen es. Schulen lehren es. Und es funktioniert nicht.

Die Regeln: „Alle Ideen sind willkommen. Keine Kritik. Quantität über Qualität."

Das Problem: Studien zeigen, dass Menschen alleine mehr und bessere Ideen generieren als in Gruppen.

Warum? Weil Gruppen soziale Dynamiken haben. Statusängste. Konformitätsdruck. Die lautesten Menschen dominieren. Die introvertierten schweigen. Und die durchschnittlichsten Ideen gewinnen, weil sie den geringsten Widerstand haben.

Die bessere Methode: Brainwriting.

Jeder schreibt seine Ideen alleine auf. Zehn Minuten. Keine Diskussion. Dann werden die Ideen geteilt. Dann diskutiert die Gruppe.

Ergebnis: Mehr Ideen. Diversere Ideen. Bessere Ideen.

AHA-MOMENT: Gruppenkreativität funktioniert nicht für Ideengenerierung. Aber sie funktioniert für Ideenverbesserung. Erst alleine denken. Dann gemeinsam verfeinern.

Die 10-Ideen-Regel

Hier ist eine Technik, die brutal einfach und brutal effektiv ist: Jeden Tag, zehn Ideen.

Nicht zu einem Thema. Zu irgendeinem Thema. Zehn Ideen für Buchtitel. Zehn Ideen für Geschäftsmodelle. Zehn Ideen für Abendessen. Zehn Ideen, wie du deinen Job verbessern könntest.

Die ersten drei Ideen sind offensichtlich. Die nächsten drei sind okay. Die letzten vier? Die sind interessant. Weil dein Gehirn tiefer graben muss. Es kann nicht mehr die offensichtlichen Antworten geben.

James Altucher, der diese Methode populär gemacht hat, sagt: „Ideen sind wie Muskeln. Wenn du sie nicht trainierst, verkümmern sie."

Nach einem Monat täglicher 10-Ideen-Sessions wirst du Probleme anders sehen. Lösungen, die vorher unsichtbar waren, werden offensichtlich.

PROBIER'S AUS: Heute. Jetzt. Zehn Ideen zu irgendeinem Thema. Du kannst dafür dieses Buch zur Seite legen. Oder weiterlesen und es später machen. Aber mach es. Zehn Ideen. Schreib sie auf. Keine muss gut sein. Sie müssen nur zehn sein.

Die Constraints-Paradox

Du denkst: „Mehr Freiheit = mehr Kreativität." Falsch.

Zu viele Optionen lähmen. „Mach, was du willst" führt zu Nichts. „Mach etwas mit diesen drei Zutaten" führt zu Kreativität.

Das ist das Constraints-Paradox. Einschränkungen fördern Kreativität.

Twitter begrenzte Posts auf 140 Zeichen (jetzt 280). Das war eine Einschränkung. Und genau diese Einschränkung machte Twitter einzigartig. Menschen mussten kreativ sein, um ihre Gedanken kompakt auszudrücken.

Haikus haben 5-7-5 Silben. Eine strikte Regel. Und trotzdem – oder gerade deshalb – entstehen wunderschöne Gedichte.

Wenn du ein weißes Blatt Papier hast und „male was du willst" – du blockierst. Wenn du hörst „male etwas mit nur drei Farben" – plötzlich kommen Ideen.

PROBIER'S AUS: Das nächste Mal, wenn du kreativ arbeiten willst, setze dir Einschränkungen. Nicht „schreib eine Geschichte", sondern „schreib eine Geschichte in genau 100 Wörtern." Nicht „mach ein Foto", sondern „mach ein Foto ohne Gesichter." Constraints sind nicht der Feind. Sie sind der Treibstoff.

Die Inkubationszeit: Lass Ideen reifen

Du hast eine Idee. Du bist begeistert. Du willst sofort loslegen.

Stop. Lass die Idee einen Tag liegen. Oder eine Woche.

Das nennt sich Inkubation. Wie ein Ei, das ausgebrütet werden muss. Die Idee braucht Zeit, um zu reifen.

In dieser Zeit macht dein Unterbewusstsein weiter. Es findet Schwachstellen. Es entdeckt Verbesserungen. Es baut Verbindungen.

Dann, wenn du zur Idee zurückkommst, siehst du sie anders. Klarer. Realistischer. Und oft besser.

Das ist der Grund, warum Autoren Entwürfe liegen lassen, bevor sie überarbeiten. Warum Designer Prototypen eine Nacht überschlafen, bevor sie präsentieren. Zeit schafft Perspektive.

SCHNELLWISSEN: Die besten Ideen kommen oft, wenn du nicht daran denkst. Salvador Dalí machte „Powernaps" mit einem Schlüssel in der Hand. Wenn er einschlief, fiel der Schlüssel, das Geräusch weckte ihn, und er notierte die Ideen aus dem Halbschlaf. Verrückt? Vielleicht. Effektiv? Definitiv.

Von der Idee zur Umsetzung: Das Valley of Death

Die meisten Ideen sterben nicht, weil sie schlecht sind. Sie sterben, weil sie nicht umgesetzt werden.

Zwischen Idee und Umsetzung liegt das „Valley of Death." Der Moment, wo die Begeisterung nachlässt, die Schwierigkeiten auftauchen, die Zweifel kommen.

„Vielleicht ist die Idee doch nicht so gut." „Jemand anders macht das bestimmt schon." „Ich habe nicht genug Zeit/Geld/Wissen."

Das Valley of Death tötet mehr Ideen als jede Kritik.

Die Lösung: Minimum Viable Product (MVP).

Mach nicht die perfekte Version. Mach die kleinstmögliche Version, die funktioniert. Teste sie. Lerne. Verbessere.

Airbnb startete mit drei Luftmatratzen in einer Wohnung. Nicht mit einer globalen Plattform. Drei Matratzen. Das war ihr MVP.

Facebook startete nur für Harvard-Studenten. Nicht für die Welt. Eine Uni. Das war ihr MVP.

Du musst nicht die ganze Vision auf einmal bauen. Bau den ersten Schritt. Dann den zweiten. Dann den dritten.

AHA-MOMENT: Perfekt ist der Feind von gut. Und gut ist der Feind von fertig. Fertig schlägt perfekt. Jeden Tag.

Feedback ist nicht der Feind

Du zeigst deine Idee jemandem. Sie sagen: „Das funktioniert nicht" oder „Das gibt es schon" oder „Das ist zu kompliziert."

Deine erste Reaktion: Defensive. „Die verstehen es nicht." „Die haben keine Vision."

Vielleicht. Aber vielleicht haben sie einen Punkt.

Feedback ist nicht der Feind. Feedback ist Daten. Es zeigt dir, was funktioniert und was nicht.

Das bedeutet nicht, dass du jedem Feedback folgen musst. Henry Ford sagte: „Wenn ich die Menschen gefragt hätte, was sie wollen, hätten sie gesagt: schnellere Pferde." Manchmal bist du der Vision voraus.

Aber höre trotzdem zu. Filtere das Nützliche raus. Ignoriere den Rest.

Die Regel: Wenn eine Person etwas sagt, ist es eine Meinung. Wenn fünf Menschen dasselbe sagen, ist es ein Muster.

Das große Bild

Kreativität ist keine Magie. Es ist ein Prozess.

Du sammelst Inputs. Neue Erfahrungen. Neue Informationen. Neue Perspektiven.

Du lässt dein Gehirn wandern. Diffuser Modus. Verbindungen entstehen.

Du generierst Ideen. Viele. Die meisten schlecht. Ein paar gut.

Du lässt sie reifen. Inkubation. Zeit zum Atmen.

Du testest sie. MVP. Klein anfangen. Lernen. Iterieren.

Du holst Feedback. Du verbesserst. Du versuchst es nochmal.

Das ist kein linearer Prozess. Es ist ein Zyklus. Du durchläufst ihn wieder und wieder.

Und jedes Mal wirst du ein bisschen besser. Deine Ideen werden ein bisschen klarer. Deine Umsetzung ein bisschen effektiver.

Du bist kein kreatives Genie. Aber das musst du nicht sein.

Du musst nur anfangen. Und weitermachen.

Kreativität ist kein Sprint. Es ist ein Marathon. Ein Marathon, den du jeden Tag läufst. In kleinen Schritten. Mit kleinen Ideen.

Und irgendwann, wenn du zurückschaust, merkst du: Du hast etwas erschaffen. Etwas, das vorher nicht existiert hat.

Vielleicht ist es groß. Vielleicht ist es klein. Aber es ist deins.

Und das ist genug.

Du sitzt auf dem Klo. Vielleicht hast du gerade eine Idee. Oder eine halbe Idee. Oder nur ein vages Gefühl von „irgendwas könnte man doch machen."

Schreib es auf. Jetzt. Sofort. Bevor du es vergisst.

Nicht weil es brillant ist. Sondern weil es der Anfang ist.

Jede Innovation begann als krumme, halbfertige, vielleicht-dumme Idee.

Deine ist keine Ausnahme.

Los geht's.

15
Gesundheitswissen kompakt

Dein Körper spricht mit dir. Jeden Tag. Jede Minute. Aber du hörst nicht zu.

Er sagt dir, dass du Wasser brauchst. Du trinkst Kaffee. Er sagt dir, dass du schlafen sollst. Du scrollst durch TikTok. Er sagt dir, dass etwas nicht stimmt. Du ignorierst es, bis es zu spät ist.

Das Problem: Niemand hat dir beigebracht, die Sprache deines Körpers zu verstehen. In der Schule hast du gelernt, wo die Leber sitzt. Aber nicht, was es bedeutet, wenn du ständig müde bist. Oder warum dein Rücken schmerzt. Oder was dein Körper braucht, um zu funktionieren.

Hier ist die gute Nachricht: Die Sprache ist nicht kompliziert. Dein Körper ist kein Mysterium. Er folgt Regeln. Und wenn du diese Regeln verstehst, kannst du besser leben. Länger. Gesünder. Mit weniger Schmerzen.

Willkommen beim Gesundheits-Crashkurs für Menschen, die keine Lust auf Arztbesuche haben, aber trotzdem alt werden wollen.

Warum du ständig müde bist (und es nicht am Schlafmangel liegt)

Du schläfst sieben, acht Stunden. Wachst auf. Bist trotzdem müde. Den ganzen Tag. Was läuft falsch?

Die meisten Menschen denken: „Ich brauche mehr Schlaf." Falsch. Mehr ist nicht immer besser.

Hier sind die echten Gründe für chronische Müdigkeit:

Dehydrierung. Dein Körper ist zu 60 Prozent Wasser. Dein Gehirn zu 75 Prozent. Wenn du dehydriert bist, arbeitet alles langsamer. Du fühlst dich erschöpft. Neblig. Träge.

Die Lösung: Trink Wasser. Nicht Kaffee. Nicht Cola. Wasser. 30 bis 40 Milliliter pro Kilogramm Körpergewicht. Wenn du 70 Kilo wiegst, sind das etwa 2,5 Liter. Jeden Tag.

Eisenmangel. Eisen transportiert Sauerstoff in deine Zellen. Ohne genug Eisen bekommt dein Körper nicht genug Sauerstoff. Ergebnis: Müdigkeit. Besonders Frauen sind betroffen. Menstruation = Eisenverlust.

Die Lösung: Lass dein Blut testen. Wenn Eisenmangel vorliegt, supplementiere. Oder iss mehr rotes Fleisch, Spinat, Linsen.

Vitamin D-Mangel. Etwa 60 Prozent der Deutschen haben zu wenig Vitamin D. Besonders im Winter. Warum? Weil Vitamin D durch Sonnenlicht auf der Haut produziert wird. Kein Sonnenlicht = kein Vitamin D.

Die Lösung: Geh raus. 15 Minuten Sonne auf Gesicht und Arme, drei Mal die Woche. Oder supplementiere. 1.000 bis 2.000 IE pro Tag.

Schlechte Schlafqualität. Nicht die Menge zählt. Die Qualität. Wenn du aufwachst, weil dein Handy vibriert, weil Lärm da ist, weil das Zimmer zu warm ist – dein Körper erreicht nie den Tiefschlaf. Du schläfst acht Stunden, aber es fühlt sich an wie vier.

Die Lösung: Dunkles Zimmer. Kühle Temperatur (16-19 Grad). Kein Handy im Bett. Keine Bildschirme eine Stunde vor dem Schlaf.

AHA-MOMENT: Müdigkeit ist keine Charakterschwäche. Es ist ein Signal. Dein Körper sagt: „Hier fehlt etwas." Hör zu.

Warum dein Rücken schmerzt (Spoiler: Nicht wegen des Alters)

«Rückenschmerzen sind normal, wenn man älter wird." Bullshit.

Rückenschmerzen sind normal, wenn man falsch sitzt, sich nicht bewegt und schwache Muskeln hat. Das hat nichts mit Alter zu tun. Viele 70-Jährige haben keine Rückenschmerzen. Viele 30-Jährige schon.

Der Grund: Dein Körper ist für Bewegung gemacht. Nicht für Sitzen. Sitzen ist das neue Rauchen. Kein Witz. Studien zeigen: Menschen, die mehr als acht Stunden am Tag sitzen, haben ein höheres Risiko für Herzerkrankungen, Diabetes, Krebs und frühen Tod.

Wenn du sitzt, kollabiert deine Wirbelsäule. Die Bandscheiben werden zusammengepresst. Die Muskeln im unteren Rücken verkrampfen. Die Hüftbeuger verkürzen sich. Dein Körper schreit: „Beweg dich!“

Die Lösung: Steh auf. Jede Stunde. Fünf Minuten. Streck dich. Geh rum. Mach Kniebeugen.

Und trainiere deine Core-Muskulatur. Nicht deine Bauchmuskeln (Sixpack ist Marketing). Deine Core-Muskulatur – die tiefen Muskeln, die deine Wirbelsäule stabilisieren. Planks. Seitstütz. Dead Bugs.

PROBIER‘S AUS: Stell einen Timer. Jede Stunde klingelt er. Steh auf. Mach zehn Kniebeugen. Das ist alles. Zehn Kniebeugen. Acht Mal am Tag. 80 Kniebeugen. Nach einer Woche werden deine Rückenschmerzen weniger. Nach einem Monat sind sie vielleicht weg.

Warum du zunimmst, obwohl du „normal“ isst

Du isst nicht mehr als früher. Aber du nimmst zu. Warum?

Die einfache Antwort: Du bewegst dich weniger. Dein Stoffwechsel hat sich verlangsamt. Du isst dasselbe, verbrennst aber weniger.

Aber es gibt noch andere Gründe.

Versteckte Kalorien. Der Latte am Morgen: 200 Kalorien. Der Saft zum Mittag: 150 Kalorien. Das Bier am Abend: 200 Kalorien. Das sind 550 Kalorien. Ohne dass du „gegessen“ hast. Trink nur Wasser für eine Woche. Schau, was passiert.

Portionsgrößen. Eine „normale“ Portion hat sich in den letzten 30 Jahren verdoppelt. Was früher ein großer Teller war, ist heute ein mittlerer. Dein Gehirn denkt: „Ich esse normal.“ Aber normal ist jetzt zu viel.

Schlafmangel. Wenn du zu wenig schläfst, steigt Ghrelin (das Hungerhormon) und sinkt Leptin (das Sättigungshormon). Ergebnis: Du hast mehr

Hunger und fühlst dich nie satt. Menschen, die weniger als sechs Stunden schlafen, wiegen im Durchschnitt mehr.

Stress. Chronischer Stress erhöht Cortisol. Cortisol sagt deinem Körper: „Speichere Fett. Wir sind in Gefahr." Besonders am Bauch. Deshalb nehmen gestresste Menschen zu, selbst wenn sie weniger essen.

Die Lösung: Es ist nicht nur „iss weniger, beweg dich mehr." Es ist: Schlaf genug. Manage Stress. Trink Wasser statt Kalorien. Achte auf Portionen.

SCHNELLWISSEN: Der durchschnittliche Deutsche isst etwa 3.500 Kalorien pro Tag. Der Bedarf liegt bei 2.000 bis 2.500. Das sind 1.000 Kalorien zu viel. Jeden Tag. Das entspricht etwa 100 Gramm Fett pro Woche. Fünf Kilo pro Jahr. Und die meisten Menschen merken es nicht mal.

Was dein Urin dir sagt

Klingt eklig. Ist aber wichtig. Dein Urin ist ein Gesundheits-Dashboard. Ein schneller Check, wie es dir geht.

Farbe:

- Klar oder sehr hellgelb: Gut hydriert. Weiter so.
- Dunkelgelb: Leichte Dehydrierung. Trink mehr.
- Orange oder braun: Starke Dehydrierung. Oder Leber-Problem. Trink sofort Wasser. Wenn es bleibt, geh zum Arzt.
- Rosa oder rot: Blut im Urin. Oder du hast Rote Beete gegessen. Wenn nicht Rote Beete: Arzt. Sofort.

Geruch:

- Neutral: Gut.
- Süßlich: Möglicher Diabetes. Lass dich testen.
- Ammoniak: Dehydrierung oder zu viel Protein.
- Fischig: Infektion. Arzt.

Häufigkeit:

- Normal: 6-8 Mal am Tag.
- Viel öfter: Diabetes, Infektion, oder du trinkst zu viel Kaffee.
- Viel seltener: Dehydrierung oder Nierenproblem.

Das ist keine Paranoia. Das ist Selbst-Monitoring. Dein Körper gibt dir Feedback. Kostenlos. Nutze es.

Warum du krank wirst (und wie du es vermeidest)

Dein Immunsystem ist eine Armee. Aber wie jede Armee braucht es Training, Ressourcen und Ruhe.

Die meisten Menschen werden krank, nicht weil ihr Immunsystem schwach ist, sondern weil sie es sabotieren.

Wie du dein Immunsystem sabotierst:

- Zu wenig Schlaf. Dein Immunsystem repariert und baut sich nachts auf. Weniger als sieben Stunden = schwächeres Immunsystem.
- Zu viel Zucker. Zucker unterdrückt weiße Blutkörperchen. Eine Dose Cola kann dein Immunsystem für Stunden schwächen.
- Zu viel Stress. Chronischer Stress produziert Cortisol. Cortisol unterdrückt das Immunsystem.
- Zu wenig Bewegung. Moderate Bewegung stärkt das Immunsystem. Kein Sport = schwaches Immunsystem.

Wie du dein Immunsystem stärkst:

- Schlaf. 7-9 Stunden. Jeden Tag.
- Gemüse. Besonders grünes Blattgemüse. Vitamine, Mineralien, Antioxidantien.

- Bewegung. 30 Minuten, fünf Mal die Woche. Spazieren reicht.
- Wasser. Dein Immunsystem braucht Flüssigkeit, um zu funktionieren.
- Sonnenlicht. Vitamin D ist essentiell für Immunfunktion.

AHA-MOMENT: Erkältungen sind nicht Pech. Sie sind ein Zeichen, dass dein Körper überlastet ist. Wenn du ständig krank bist, sagt dein Körper: „Ich brauche Ruhe. Jetzt."

Warum Schmerzen nicht der Feind sind

Schmerz ist ein Signal. Keine Strafe.

Wenn du deine Hand auf eine heiße Herdplatte legst, schmerzt es sofort. Du ziehst die Hand weg. Der Schmerz hat dich gerettet. Ohne Schmerz würdest du deine Hand verbrennen.

Chronischer Schmerz funktioniert genauso. Dein Körper sagt: „Hier ist ein Problem. Beheb es."

Das Problem: Wir behandeln Symptome, nicht Ursachen. Rückenschmerzen? Schmerzmittel. Kopfschmerzen? Schmerzmittel. Knieschmerzen? Schmerzmittel.

Aber Schmerzmittel beheben das Problem nicht. Sie schalten nur das Alarmsystem aus. Das ist, als würdest du den Rauchmelder ausschalten, während das Haus brennt.

Die Lösung: Finde die Ursache.

Kopfschmerzen? Vielleicht Dehydrierung. Vielleicht schlechte Haltung. Vielleicht zu viel Bildschirmzeit.

Knieschmerzen? Vielleicht schwache Oberschenkel. Vielleicht falsche Schuhe. Vielleicht Übergewicht.

Rückenschmerzen? Vielleicht zu viel Sitzen. Vielleicht schwache Core-Muskulatur.

Behebe die Ursache, und der Schmerz verschwindet. Meistens.

PROBIER'S AUS: Das nächste Mal, wenn du Schmerzen hast, nimm nicht sofort eine Tablette. Frag dich: „Was will mir mein Körper sagen?" Wenn der Schmerz unerträglich ist, klar, nimm die Tablette. Aber frag trotzdem nach der Ursache.

Die 80/20-Regel für Gesundheit

Du musst nicht perfekt sein. Perfektion ist unmöglich. Und der Versuch, perfekt zu sein, macht dich unglücklich.

Die 80/20-Regel: Mach 80 Prozent der Zeit das Richtige. Die anderen 20 Prozent? Leb.

Das bedeutet:

- Iss 80 Prozent gesund. 20 Prozent Pizza, Eis, Bier.
- Schlaf 80 Prozent der Nächte gut. 20 Prozent Partys, späte Filme, schlechter Schlaf.
- Beweg dich 80 Prozent der Zeit. 20 Prozent Couch-Tage sind okay.

Das ist nachhaltig. Das ist realistisch. Das ist Leben.

Menschen, die versuchen, 100 Prozent perfekt zu sein, halten es eine Woche. Dann kollabieren sie. Dann essen sie eine ganze Pizza, fühlen sich schuldig, und geben auf.

Menschen, die 80/20 machen, halten es ein Leben lang. Und das ist, was zählt.

SCHNELLWISSEN: Studien zeigen: Menschen, die flexibel mit ihrer Ernährung sind, sind langfristig gesünder als Menschen mit strikten Regeln.

Warum? Weil strikte Regeln zu Schuldgefühlen führen. Schuldgefühle führen zu Stress. Stress führt zu ungesundem Verhalten. Ein Teufelskreis.

Was dein Körper wirklich braucht (und was Marketing ist)

Die Supplement-Industrie ist 140 Milliarden Dollar schwer. Sie will dir Pillen verkaufen. Für alles. Energie, Schlaf, Fokus, Immunsystem, Haut, Haare, Nägel.

Die Wahrheit: Die meisten Supplements sind Geldverschwendung.

Was du wirklich brauchst:

- Vitamin D. Wenn du in Deutschland lebst und nicht täglich draußen bist, hast du wahrscheinlich zu wenig.
- Omega-3. Wenn du keinen fetten Fisch isst (Lachs, Makrele), supplementiere.
- Eventuell Vitamin B12. Besonders für Veganer.

Was du wahrscheinlich nicht brauchst:

- Multivitamine. Meistens überdosiert oder unterdosiert. Nutzlos.
- Detox-Tees. Deine Leber und Nieren entgiften dich. Kostenlos. 24/7.
- Fatburner. Bullshit. Wenn Fatburner funktionieren würden, wäre niemand übergewichtig.
- Kollagen-Pulver. Dein Körper baut Kollagen selbst, wenn er genug Protein hat.

Die Regel: Wenn du eine ausgewogene Ernährung hast, brauchst du kaum Supplements. Wenn du dich schlecht ernährst, helfen Supplements auch nicht.

Das große Bild

Dein Körper ist kein Mysterium. Er ist eine Maschine. Eine sehr komplexe, sehr clevere Maschine. Aber sie folgt Regeln.

Gib ihr Wasser. Sie funktioniert besser. Gib ihr Schlaf. Sie repariert sich. Gib ihr Bewegung. Sie bleibt stark. Gib ihr echtes Essen. Sie bekommt, was sie braucht.

Es ist nicht kompliziert. Aber es ist nicht einfach. Weil die moderne Welt dich sabotiert.

Sie bietet dir unendlich Essen. Dein Körper will Kalorien speichern (Evolution). Du nimmst zu. Sie bietet dir ständige Unterhaltung. Dein Körper will schlafen. Du scrollst. Sie bietet dir bequemes Sitzen. Dein Körper will Bewegung. Du sitzt.

Du musst aktiv gegen diese Kräfte arbeiten. Das ist anstrengend. Aber die Alternative ist: Krank sein. Schmerzen haben. Früh sterben.

Du hast eine Wahl.

Du sitzt auf dem Klo. Vielleicht bemerkst du gerade, dass du schon lange nicht mehr Wasser getrunken hast. Dass du seit Stunden sitzt. Dass du letzte Nacht zu wenig geschlafen hast.

Das sind keine Kleinigkeiten. Das sind Signale.

Dein Körper spricht mit dir. Die Frage ist: Hörst du zu?

Oder ignorierst du ihn, bis er schreit?

Die Wahl ist deine.

Jeden Tag.

Mit jeder Entscheidung.

Und irgendwann addieren sich diese Entscheidungen zu einem Leben.

Die Frage ist: Welches Leben?

16
Deine persönliche Weiterbildungs-Roadmap

Du hast gerade 15 Kapitel durchgelesen. Auf dem Klo. Glückwunsch. Du weißt jetzt mehr über Psychologie, Philosophie, Finanzen, Rhetorik, Geschichte, Wissenschaft, Produktivität, Kunst, emotionale Intelligenz, Kreativität und Gesundheit als 90 Prozent der Bevölkerung.

Aber hier ist die unbequeme Wahrheit: Wissen ohne Anwendung ist wertlos.

Du kannst alle Produktivitätstechniken der Welt kennen. Wenn du sie nicht nutzt, bist du genauso unproduktiv wie vorher. Du kannst alle Finanztipps gelesen haben. Wenn du nicht investierst, bleibt dein Konto leer. Du kannst alles über emotionale Intelligenz wissen. Wenn du weiter rumschreist, wenn etwas schiefgeht, hat sich nichts geändert.

Dieses Kapitel ist anders. Hier geht es nicht um neues Wissen. Es geht darum, was du mit dem Wissen machst. Wie du es in dein Leben integrierst. Wie du sicherstellst, dass dieses Buch nicht nur Unterhaltung war, sondern tatsächlich etwas bewegt.

Willkommen bei deiner persönlichen Roadmap. Vom Klo zur Veränderung.

Die Lern-Illusion: Warum du dir einredest, du hättest gelernt

Hier ist das Problem mit Büchern lesen, Podcasts hören, YouTube-Videos schauen: Es fühlt sich an wie Lernen. Aber es ist nicht Lernen. Es ist Konsumieren.

Echtes Lernen passiert durch Anwendung. Durch Fehler. Durch Wiederholung.

Du hast über die Zwei-Minuten-Regel gelesen. Hast du sie angewendet? Oder hast du gedacht „Gute Idee“ und weitergelesen?

Du hast über Zeitblockierung gelesen. Hast du deinen Kalender geöffnet und Blöcke eingetragen? Oder denkst du „Mache ich später"?

Du hast über emotionale Intelligenz gelesen. Hast du beim letzten Streit innegehalten und deine Emotion benannt? Oder bist du wie immer explodiert?

Das ist die Lern-Illusion. Dein Gehirn belohnt dich für das Lesen mit Dopamin. „Gut gemacht, du hast gelernt!“ Aber du hast nicht gelernt. Du hast nur Information aufgenommen.

AHA-MOMENT: Wissen ist nicht Macht. Angewendetes Wissen ist Macht. Wenn du nach diesem Buch nichts änderst, war es Unterhaltung. Nicht Bildung.

Die Eine-Sache-Regel

Hier ist der größte Fehler, den Menschen nach einem Buch machen: Sie versuchen, alles auf einmal zu ändern.

„Ab morgen stehe ich um 5 Uhr auf, meditiere 30 Minuten, mache Sport, esse nur noch gesund, investiere monatlich in ETFs, praktiziere Zeitblockierung, lerne eine neue Sprache, und werde emotional intelligent.“

Zwei Wochen später: Nichts davon passiert. Weil es zu viel ist. Dein Gehirn rebelliert. Alte Gewohnheiten gewinnen.

Die Lösung: Die Eine-Sache-Regel.

Wähle eine Sache aus diesem Buch. Eine. Die wichtigste für dich. Die, die den größten Impact hätte, wenn du sie umsetzt.

Nicht fünf Sachen. Eine.

Dann praktiziere diese eine Sache für 30 Tage. Jeden Tag. Bis sie zur Gewohnheit wird. Bis du nicht mehr darüber nachdenken musst.

Erst dann – erst dann! – nimmst du die nächste Sache.

Das ist langsam. Ja. Aber es funktioniert. Besser eine Gewohnheit in 30 Tagen etablieren als null Gewohnheiten in drei Monaten.

PROBIER'S AUS: Jetzt. Bevor du weiterliest. Welche eine Sache aus diesem Buch hat dich am meisten angesprochen? Welche würde dein Leben am meisten verändern? Schreib sie auf. Das ist deine erste Gewohnheit. Ab morgen. Jeden Tag. 30 Tage.

Die Lern-Pyramide: Wie Wissen wirklich hängen bleibt

Es gibt eine Lern-Pyramide. Sie zeigt, wie viel du behältst, basierend darauf, wie du lernst.

- Lesen: 10 Prozent Retention
- Hören: 20 Prozent
- Sehen (Videos, Demos): 30 Prozent
- Diskutieren: 50 Prozent
- Praktizieren: 75 Prozent
- Lehren: 90 Prozent

Das bedeutet: Von allem, was du in diesem Buch gelesen hast, erinnerst du dich an etwa 10 Prozent. In einer Woche vielleicht 5 Prozent.

Aber wenn du es jemandem erklärst? 90 Prozent bleiben hängen.

Das ist der Grund, warum Lehrer oft am meisten lernen. Nicht die Schüler. Die Lehrer. Weil sie gezwungen sind, das Material so zu durchdringen, dass sie es verständlich machen können.

Die Regel: Wenn du etwas wirklich lernen willst, lehre es.

Erzähle jemandem von der Zwei-Minuten-Regel. Erkläre die 80/20-Regel deinem Partner. Diskutiere Epiktet mit einem Freund. Teile deine Erkenntnisse über ETFs mit einem Kollegen.

Sobald du es lehrst, verankerst du es. In deinem Gehirn. Für immer.

SCHNELLWISSEN: Richard Feynman, Nobelpreisträger in Physik, hatte eine Technik: Wenn er etwas nicht verstand, erklärte er es sich selbst. Laut. Als würde er es einem Kind erklären. Wenn er stecken blieb, wusste er:

Hier verstehe ich es noch nicht. Zurück zum Anfang. Das ist die Feynman-Technik. Funktioniert für alles.

Die Vier-Stufen-Roadmap

Hier ist deine konkrete Roadmap. Vier Stufen. Jede dauert etwa 30 Tage. Das sind vier Monate. Danach hast du vier neue Gewohnheiten. Vier Bereiche deines Lebens sind besser. Und du hast Momentum.

Stufe 1: Fundament (Monat 1) Wähle eine grundlegende Gewohnheit, die alles andere leichter macht.

Empfehlungen:

- Morgenroutine etablieren (gleiche Zeit aufstehen, kein Handy für 30 Minuten, wichtigste Aufgabe zuerst)
- Bewegung (30 Minuten täglich spazieren oder trainieren)
- Schlaf optimieren (7-8 Stunden, dunkles Zimmer, keine Bildschirme vor dem Schlaf)

Warum Fundament zuerst? Weil diese Gewohnheiten dir Energie geben. Und du brauchst Energie für alles andere.

Stufe 2: Produktivität (Monat 2) Jetzt, wo du mehr Energie hast, optimiere, wie du arbeitest.

Empfehlungen:

- Zeitblockierung (plane jeden Tag im Voraus)
- Pomodoro-Technik (25 Minuten fokussiert, 5 Minuten Pause)
- Digital Detox (Handy weg während der Arbeit, Benachrichtigungen aus)

Du wirst plötzlich mehr schaffen in weniger Zeit. Und weniger gestresst sein.

Stufe 3: Finanzen oder Gesundheit (Monat 3) Wähle einen dieser Bereiche. Nicht beide. Einer.

Wenn Finanzen:

- Spare automatisch 10-20 Prozent deines Einkommens (Dauerauftrag am Tag nach Gehaltseingang)
- Eröffne ein Depot, richte einen ETF-Sparplan ein
- Tracke deine Ausgaben (eine Woche lang, nur um zu sehen, wohin das Geld geht)

Wenn Gesundheit:

- Eliminiere zuckerhaltige Getränke (nur Wasser, Tee, Kaffee)
- Iss täglich Gemüse (mindestens drei Portionen)
- Steh jede Stunde auf (Timer setzen, fünf Minuten bewegen)

Stufe 4: Beziehungen oder Kreativität (Monat 4) Jetzt optimierst du entweder deine Beziehungen oder entfesselst Kreativität.

Wenn Beziehungen:

- Praktiziere aktives Zuhören (Handy weg, volle Aufmerksamkeit, paraphrasieren)
- Benenne Emotionen, bevor du reagierst („Ich fühle Wut/Frustration/Enttäuschung, weil...“)
- Plane Quality Time (mindestens eine Stunde pro Woche, nur du und die wichtige Person, keine Ablenkungen)

Wenn Kreativität:

- 10-Ideen-Übung (jeden Tag, zu irgendeinem Thema)
- Wöchentliches Projekt (jeden Sonntag, eine Stunde, arbeite an etwas Kreativem)

- Diffuser Modus (15 Minuten täglich, kein Handy, nur Gedanken wandern lassen)

Nach vier Monaten hast du vier Bereiche transformiert. Und das Beste: Diese Gewohnheiten verstärken sich gegenseitig.

Die Tracking-Methode: Sichtbarer Fortschritt

Menschen brauchen Feedback. Ohne sichtbaren Fortschritt verlieren wir Motivation.

Die Lösung: Tracking. Aber simpel. Nicht kompliziert.

Kauf einen Kalender. Einen physischen. Papier. Keine App.

Jeden Tag, an dem du deine Gewohnheit praktizierst, machst du ein X auf dem Kalender.

Nach drei Tagen hast du eine Kette. Dein Gehirn will die Kette nicht brechen. Das ist der „Don‘t Break the Chain“-Effekt, den Jerry Seinfeld berühmt gemacht hat.

Er schrieb jeden Tag Witze. Jeden Tag ein X. Die Kette wuchs. Er wollte sie nicht brechen. Also schrieb er weiter. Auch an schlechten Tagen. Weil die Kette wichtiger wurde als die Motivation.

Das funktioniert für alles. Sport, Schreiben, Meditieren, Investieren. Ein X pro Tag. Die Kette wächst. Du willst sie nicht brechen.

AHA-MOMENT: Motivation ist vergänglich. Systeme sind dauerhaft. Du brauchst keine Motivation, wenn du ein System hast, das dich trägt. Das X auf dem Kalender ist dein System.

Die Community-Komponente: Warum alleine schwerer ist

Menschen sind soziale Wesen. Wir brauchen Accountability. Unterstützung. Das Gefühl, nicht allein zu sein.

Wenn du versuchst, dich alleine zu verändern, ist die Wahrscheinlichkeit zu scheitern hoch. Wenn du jemanden hast, der mit dir geht – oder dich fragt „Hast du heute dein X gemacht?“ – steigen deine Chancen dramatisch.

Die Lösung: Finde einen Accountability-Partner.

Das kann ein Freund sein. Ein Familienmitglied. Ein Kollege. Jemand, der auch eine Gewohnheit etablieren will.

Ihr tauscht euch aus. Täglich. Oder wöchentlich. „Habe ich gemacht." „Habe ich nicht gemacht." Keine Ausreden. Nur Fakten.

Studien zeigen: Menschen, die ihre Ziele mit jemandem teilen und regelmäßig berichten, sind 65 Prozent wahrscheinlicher, sie zu erreichen.

PROBIER'S AUS: Schick jemandem jetzt eine Nachricht. „Ich arbeite an einer neuen Gewohnheit. [Name der Gewohnheit]. Kann ich dir jeden Abend kurz Bescheid geben, ob ich es gemacht habe?" Die meisten Menschen sagen Ja. Weil es fast keinen Aufwand für sie bedeutet. Aber für dich macht es den Unterschied.

Die Rückfall-Strategie: Wenn du scheiterst (nicht falls)

Du wirst scheitern. Nicht vielleicht. Sicher.

Du wirst einen Tag verpassen. Oder zwei. Oder eine ganze Woche. Das Leben passiert. Krankheit. Stress. Unerwartete Ereignisse.

Das ist nicht das Problem. Das Problem ist, wie du darauf reagierst.

Die meisten Menschen denken: „Ich habe versagt. Ich kann das nicht. Ich gebe auf."

Das ist die Alles-oder-Nichts-Mentalität. Und sie tötet Fortschritt.

Die Regel: Verpasse nie zweimal hintereinander.

Einen Tag verpassen? Okay. Passiert. Morgen machst du weiter.

Zwei Tage verpassen? Jetzt wird's gefährlich. Zwei Tage werden zu drei. Drei zu einer Woche. Plötzlich ist die Gewohnheit tot.

Aber wenn du nach einem verpassten Tag sofort weitermachst, bleibt die Gewohnheit lebendig.

Das ist keine Perfektion. Das ist Resilienz. Und Resilienz gewinnt immer.

SCHNELLWISSEN: In einer Studie wurden Menschen gefragt, Gewohnheiten über 84 Tage zu etablieren. Ergebnis: Menschen, die gelegentlich einen Tag verpassten, aber weitermachten, waren genauso erfolgreich wie Menschen, die keinen Tag verpassten. Die Kontinuität zählt, nicht die Perfektion.

Die Ressourcen: Wo du tiefer eintauchen kannst

Dieses Buch ist ein Überblick. Ein Appetizer. Wenn du in einem Bereich tiefer gehen willst, hier sind die nächsten Schritte:

Produktivität: Lies „Atomic Habits“ von James Clear. Das Buch über Gewohnheiten schlechthin.

Finanzen: Lies „The Simple Path to Wealth“ von JL Collins. Oder auf Deutsch: „Souverän investieren mit Indexfonds und ETFs“ von Gerd Kommer.

Psychologie/Emotionale Intelligenz: Lies „Emotional Intelligence“ von Daniel Goleman. Oder „Nonviolent Communication“ von Marshall Rosenberg.

Philosophie: Lies „Meditations“ von Marcus Aurelius. Oder „The Daily Stoic“ von Ryan Holiday.

Kreativität: Lies „The War of Art“ von Steven Pressfield. Über Widerstand und kreative Arbeit.

Gesundheit: Lies „Why We Sleep“ von Matthew Walker. Über die Wissenschaft des Schlafs.

Aber – und das ist wichtig – lies nicht alle auf einmal. Wähle einen Bereich. Ein Buch. Lies es. Wende es an. Dann das nächste.

Das große Bild: Von Wissen zu Weisheit

Wissen ist, was du weißt. Weisheit ist, was du tust mit dem, was du weißt.

Du hast jetzt Wissen. Über viele Bereiche. Über das Leben. Über dich selbst.

Aber Weisheit kommt nicht vom Lesen. Sie kommt vom Leben.

Von den Fehlern, die du machst. Von den Erfolgen, die du hast. Von den Momenten, wo du dachtest, du kannst nicht, aber du hast es trotzdem getan.

Dieses Buch ist nicht das Ziel. Es ist der Start.

Das Ziel ist ein Leben, das du aktiv gestaltest. Nicht eines, das mit dir passiert.

Ein Leben, wo du produktiv bist, aber nicht gestresst. Wo du finanziell sicher bist, aber nicht gierig. Wo du gesund bist, aber nicht besessen. Wo du verbunden bist, aber nicht abhängig. Wo du kreativ bist, aber nicht perfektionistisch.

Das ist kein einfaches Leben. Aber es ist ein gutes Leben.

Und es beginnt mit einer Entscheidung. Jetzt. Heute.

Die finale Herausforderung

Du sitzt auf dem Klo. Du hast dieses Buch zu Ende gelesen. In ein paar Sekunden stehst du auf, spülst ab, wäschst dir die Hände (hoffentlich), und gehst zurück in dein Leben.

Hier ist die Frage: Was machst du als Erstes?

Scrollst du durch Instagram? Checkst du E-Mails? Gehst du zurück zu dem, was du vorher getan hast?

Oder machst du etwas anderes?

Hier ist die Challenge:

In den nächsten 24 Stunden:

- Wähle eine Sache aus diesem Buch.
- Setze sie um. Wirklich um. Nicht „Ich denke drüber nach." Sondern: Tu es.
- Erzähle jemandem davon.

Das war‘s. Drei Schritte. 24 Stunden.

Wenn du das tust, war dieses Buch nicht nur Unterhaltung. Es war der Beginn von etwas.

Wenn du es nicht tust, war es ein nettes Buch. Das du irgendwann vergisst. Wie alle anderen Bücher.

Deine Entscheidung.

Du bist jetzt schlauer als vor 16 Kapiteln. Aber bist du auch besser?

Das entscheidest nicht ich.

Das entscheidest du.

Jetzt.

Los geht‘s.